预防是解决危机的最好方法。

——[英]迈克尔·里杰斯特

公职人员
刑事法律风险
防　范

郭彦卫　郭泽宇　著

GONGZHI RENYUAN

XINGSHI FALÜ FENGXIAN

FANGFAN

中国政法大学出版社

2022·北京

图书在版编目（ＣＩＰ）数据

公职人员刑事法律风险防范/郭彦卫，郭泽宇著. —北京：中国政法大学出版社，
2022.7

ISBN 978-7-5764-0560-6

Ⅰ.①公… Ⅱ.①郭… ②郭… Ⅲ.①职务犯罪－研究－中国 Ⅳ.①D924.304

中国版本图书馆 CIP 数据核字(2022)第 118520 号

出 版 者　　中国政法大学出版社

地　　址　　北京市海淀区西土城路 25 号

邮寄地址　　北京 100088 信箱 8034 分箱　邮编 100088

网　　址　　http://www.cuplpress.com (网络实名：中国政法大学出版社)

电　　话　　010-58908586(编辑部) 58908334(邮购部)

编辑邮箱　　zhengfadch@126.com

承　　印　　固安华明印业有限公司

开　　本　　650mm×980mm　1/16

印　　张　　14.5

字　　数　　230 千字

版　　次　　2022 年 7 月第 1 版

印　　次　　2022 年 7 月第 1 次印刷

定　　价　　59.00 元

————————————————————————————————

　　《公职人员刑事法律风险防范》是一本非常值得一读的"小百科全书"式的公职人员法律教育教科书。当看到郭彦卫律师及郭泽宇律师发来的电子版书稿《公职人员刑事法律风险防范》时，作为第一个读者，凭着多年对法律研习的基本经验，浏览一下目录，就能感觉到这部书非常抓眼球，具有可读性、可操作性。

　　其一，细读内文，会进一步发现这部书稿具有体例完整、体系完备、内容丰富、方法得当、案例典型、文笔流畅、语言精炼、结构清晰等诸多优点。此书稿应新时代反腐败斗争和扫黑除恶斗争的伟大斗争之势而生，想必其出版、发行必具与众不同、与时俱进的重要法律意义和社会意义、理论意义和实践意义。

　　其二，郭彦卫律师及郭泽宇律师都是驰骋于当今诉讼领域第一线的知名律师，不仅具有相当厚实的法律知识和法学素养，而且具有相对丰富的诉讼经验、法务技能和社会经验。能够成为知名律师，绝对不是偶然的结果。在一定意义上，《公职人员刑事法律风险防范》一书的出版、发行，是他们多年法务工作经验的一大总结。不仅如此，郭彦卫律师及郭泽宇律师的人品如作品、品格如格局，特别是追求公平正义的英雄主义气概。或许这正是《公职人员刑事法律风险防范》一书的精髓之所在。当然，这种"为天地立心，为生民立命，为往圣继绝学，为万世开太平""立德、立功、立言"的精神气概和家国情怀，也是文化人、读书人、法律人最为宝贵的精神财富。

　　其三，《公职人员刑事法律风险防范》不仅是公职人员依法从政、知法护法、远离犯罪的教科书，而且是广大人民群众依法维权、揭露犯罪的教科书。也许，不同的读者拥有不同的角度、不同的认知、不同的立场、不同的观点，对于《公职人员刑事法律风险防范》一书的解读，可能也会产生不同的结果和选择……其实，这并不奇怪，正所谓"萝卜白菜、各有所爱"，因此，《公职人员刑事法律风险防范》一书的学术价值和实践价值在于读者的着眼点、出发点和人生"三观"等内因。

其四，《公职人员刑事法律风险防范》一书对遏制社会腐败、司法腐败等问题，特别是力戒各种各样的刑事冤假错案问题，具有重要的指引和参考价值。本书不仅大量引用了刑法、刑事诉讼法、监察法、监察法实施条例、监察官法等相关法律法规的条款并进行了有效解读，而且结合具体案例进行了深度剖析，具有很强的可读性与可操作性。这其中不少是由两位律师所代理的成功案例，所以能够形成论点、论据、论证一体化的基本优势。

作为郭彦卫律师及郭泽宇律师的同仁诤友，还有许多话要说，但纸短情长，略述感受，谨以为不成文之序，祝愿这部书的出版、发行能为他们带来好运气、好兆头、好愿景。

肖伯牙

2021 年 9 月底·北京

前言

　　2018 年 3 月 20 日第十三届全国人民代表大会第一次会议通过了《中华人民共和国监察法》。2018 年 3 月 23 日，中华人民共和国国家监察委员会在北京揭牌。2020 年，全国纪检监察机关共接收信访举报 322.9 万件次，处置问题线索 170.3 万件，谈话函询 36.4 万件次，立案 61.8 万件次，处分 60.4 万人（其中党纪处分 52.2 万人）。处分省部级干部 27 人，厅局级干部 2859 人，县处级干部 2.2 万人，乡科级干部 8.3 万人，一般干部 9.9 万人，农村、企业等其他人员 39.8 万人。连续三年（2018 年、2019 年、2020 年）数据高居不下，反腐工作任重道远，而公职人员风险概率亦随之保持较高水平。从数据上看，大多数公职人员所受的处分是党纪处分，只有约 13% 的人会进入刑事程序。进入刑事程序关乎生命与自由，是最大、最严重的风险，也是所谓的"红线"。在这个伟大的历史转折时期，公职人员如何时刻保持清醒，避免踩到"红线"，保持一生平安，是本书的写作目的。

　　本书第一章介绍了监察法监察的对象范围及监察法实施的现状。第二章介绍了公职人员应了解的法律政策，以及如何在日常生活中养成规避刑事风险的良好习惯。第三章至第六章以案例的形式介绍了涉及职务犯罪的一些认识上的误区，包括收受财物、单位福利和公款以及渎职等问题，帮助大家正确认识日常行为与违法行为的边界。第七、八、九章对公职人员可能涉及的罪名做了专业解读，详细解读了贪污贿赂类和渎职类犯罪的重点罪名。本部分内容亦是办案人员把握罪与非罪的标准。第十章至第十三章介绍了职务犯罪的线索、处置与初查、调查程序及调查措施。

最后，作者用尽洪荒之力搜集了 42 份职务犯罪无罪判决，摘录了这些无罪判决的理由，希望给大家以启示，可以从中借鉴。

本书首先适合公职人员阅读，可以帮助公职人员树立法治思维，避免踩到"红线"；其次，也适合与公职人员有往来的其他人员阅读，因为监察委在调查案件过程中，对所有涉案人员有权力进行调查并可以采取留置措施；最后，本书也适合国有企业和民营企业的高级管理人员和一般职务人员阅读，因为部分国有企业的工作人员也适用《监察法》，本书案例部分也包含了涉及民营企业中的工作人员的职务侵占等高风险罪名。

本书也适用于律师等从事法律工作的人员，可以将本书作为解答咨询、法律风险培训的教材，对律师办理案件也有指导和帮助作用。

目 录
CONTENTS

第一章 CHAPTER 01 | 监察对象的范围

一、监察对象的范围

《监察法》〔1〕

第十五条　监察机关对下列公职人员和有关人员进行监察：

（一）中国共产党机关、人民代表大会及其常务委员会机关、人民政府、监察委员会、人民法院、人民检察院、中国人民政治协商会议各级委员会机关、民主党派机关和工商业联合会机关的公务员，以及参照《中华人民共和国公务员法》管理的人员；

（二）法律、法规授权或者受国家机关依法委托管理公共事务的组织中从事公务的人员；

（三）国有企业管理人员；

（四）公办的教育、科研、文化、医疗卫生、体育等单位中从事管理的人员；

（五）基层群众性自治组织中从事管理的人员；

（六）其他依法履行公职的人员。

第（一）项规定的是公务员和参公管理人员，这是监察对象中的关键和重点。根据《公务员法》的规定，公务员是指依法履行公职、纳入国家行政编制、由国家财政负担工资福利的工作人员。主要包括8类：

1. 中国共产党机关公务员。包括：(1) 中央和地方各级党委、

---

〔1〕《监察法》即《中华人民共和国监察法》，为论述方便，本书涉及的我国法律，直接使用简称，省去"中华人民共和国"字样，全书统一，后不赘述。

纪律检查委员会的领导人员；（2）中央和地方各级党委工作部门、办事机构和派出机构的工作人员；（3）中央和地方各级纪律检查委员会机关和派出机构的工作人员；（4）街道、乡、镇党委机关的工作人员。

2. 人民代表大会及其常务委员会机关公务员。包括：（1）县级以上各级人民代表大会常务委员会领导人员，乡、镇人民代表大会主席、副主席；（2）县级以上各级人民代表大会常务委员会工作机构和办事机构的工作人员；（3）各级人民代表大会专门委员会办事机构的工作人员。

3. 人民政府公务员。包括:（1）各级人民政府的领导人员；（2）县级以上各级人民政府工作部门和派出机构的工作人员；（3）乡、镇人民政府机关的工作人员。

4. 监察委员会公务员。包括:（1）各级监察委员会的组成人员；（2）各级监察委员会内设机构和派出监察机构的工作人员，派出的监察专员等。

5. 人民法院公务员。包括：（1）最高人民法院和地方各级人民法院的法官、审判辅助人员；（2）最高人民法院和地方各级人民法院的司法行政人员等。

6. 人民检察院公务员。包括：（1）最高人民检察院和地方各级人民检察院的检察官、检察辅助人员；（2）最高人民检察院和地方各级人民检察院的司法行政人员等。

7. 中国人民政治协商会议各级委员会机关公务员。包括：（1）中国人民政治协商会议各级委员会的领导人员；（2）中国人民政治协商会议各级委员会工作机构的工作人员。

8. 民主党派机关和工商业联合会机关公务员。包括中国国民党革命委员会中央和地方各级委员会、中国民主同盟中央和地方各级委员会、中国民主建国会中央和地方各级委员会、中国民主促进会中央和地方各级委员会、中国农工民主党中央和地方各级委员会、中国致公党中央和地方各级委员会、九三学社中央和地方各级委员会、台湾民主自治同盟中央和地方各级委员会的公务员，以及中华全国工商业联合会和地方各级工商联等单位的公务员。

公务员身份的确定，有一套严格的法定程序，只有经过有关机关审核、审批及备案等程序，登记、录用或者调任为公务员后，方可确定为公务员。

参照《公务员法》管理的人员，是指根据《公务员法》规定，法律、法规授权的具有公共事务管理职能的事业单位中除工勤人员以外的工作人员，经批准参照《公务员法》进行管理的人员。比如，中国证券监督管理委员会，就是参照《公务员法》管理的事业单位。列入参照《公务员法》管理范围，应当严格按照规定的条件、程序和权限进行审批。

第（二）项规定的是法律、法规授权或者受国家机关依法委托管理公共事务的组织中从事公务的人员，这主要是指除参公管理以外的其他管理公共事务的事业单位，比如，疾控中心等的工作人员。在我国，事业单位人数多，分布广，由于历史和国情等原因，在一些地方和领域，法律、法规授权或者受国家机关依法委托管理公共事务的事业单位工作人员，其数量甚至大于公务员的数量。由于这些人员也行使公权力，为实现国家监察全覆盖，有必要将其纳入监察对象范围，由监察机关对其监督、调查、处置。

第（三）项规定的是国有企业管理人员。根据有关规定和实践需要，作为监察对象的国有企业管理人员，主要是国有独资企业、国有控股企业（含国有独资金融企业和国有控股金融企业）及其分支机构的领导班子成员，包括设董事会的企业中由国有股权代表出任的董事长、副董事长、董事，总经理、副总经理，党委书记、副书记、纪委书记，工会主席等；未设董事会的企业的总经理（总裁）、副总经理（副总裁），党委书记、副书记、纪委书记，工会主席等。此外，对国有资产负有经营管理责任的国有企业中层和基层管理人员，包括部门经理、部门副经理、总监、副总监、车间负责人等；在管理、监督国有财产等重要岗位上工作的人员，包括会计、出纳人员等；国有企业所属事业单位领导人员，国有资本参股企业和金融机构中对国有资产负有经营管理责任的人员，也应当理解为国有企业管理人员的范畴，涉嫌职务违法和职务犯罪的，监察机关可以依法调查。

第（四）项规定的是公办教科文卫体单位管理人员。作为监察对象的公办的教育、科研、文化、医疗卫生、体育等单位中从事管理的人员，主要是该单位及其分支机构的领导班子成员，以及该单位及其分支机构中的国家工作人员，比如，公办学校的校长、副校长，科研院所的院长、所长，公立医院的院长、副院长等。

公办教育、科研、文化、医疗卫生、体育等单位及其分支机构中层和基层管理人员，包括管理岗六级以上职员，从事与职权相联系的管理事务的其他职员；在管理、监督国有财产等重要岗位上工作的人员，包括会计、出纳人员，采购、基建部门人员涉嫌职务违法和职务犯罪，监察机关可以依法调查。此外，临时从事与职权相联系的管理事务，包括依法组建的评标委员会、竞争性谈判采购中谈判小组、询价采购中询价小组的组成人员，在招标、政府采购等事项的评标或者采购活动中，利用职权实施的职务违法和职务犯罪行为，监察机关也可以依法调查。

第（五）项规定的是基层群众性自治组织中从事管理的人员。作为监察对象的基层群众性自治组织中从事管理的人员，包括村民委员会、居民委员会的主任、副主任和委员，以及其他受委托从事管理的人员。根据有关法律和立法解释，这里的"从事管理"，主要是指：（1）救灾、抢险、防汛、优抚、扶贫、移民、救济款物的管理；（2）社会捐助公益事业款物的管理；（3）国有土地的经营和管理；（4）土地征用补偿费用的管理；（5）代征、代缴税款；（6）有关计划生育、户籍、征兵工作；（7）协助人民政府等国家机关在基层群众性自治组织中从事的其他管理工作。

第（六）项是兜底条款。为了防止出现对监察对象列举不全的情况，避免挂一漏万，监察法设定了这个兜底条款。但是对于"其他依法履行公职的人员"不能无限制地扩大解释，判断一个"履行公职的人员"是否属于监察对象的标准，主要是其是否行使公权力，所涉嫌的职务违法或者职务犯罪是否损害了公权力的廉洁性。

需要注意的是，公办的教育、科研、文化、医疗卫生、体育等单位中具体哪些人员属于从事管理的人员，需要随着实践的发展，不断完善。

根据《监察法》的规定，对涉嫌行贿犯罪或者共同职务犯罪的涉案人员也可以采取留置措施。对这些人员采取留置措施，需要符合三个方面的要件：一是涉案要件。留置的涉案要件，是被调查人涉嫌贪污贿赂、失职渎职等严重职务违法或者职务犯罪。二是证据要件。留置的证据要件，是监察机关已经掌握部分违法犯罪事实及证据，且仍有重要问题需要进一步调查。三是具备下列法定情形之一：（1）涉及案情重大、复杂的；（2）可能逃跑、自杀的；（3）可能串供或者伪造、隐匿、毁灭证据的；（4）可能有其他妨碍调查行为的。[1]

二、《监察法》实施现状

当前我国正处在社会的转型期，各种矛盾异常突出，公职人员涉刑事犯罪频出。《监察法》横空出世，表明了中央治理的决心。

2020 年，全国纪检监察机关共接收信访举报 322.9 万件次，处置问题线索 170.3 万件，谈话函询 36.4 万件次，立案 61.8 万件，处分 60.4 万人（其中党纪处分 52.2 万人）。处分省部级干部 27 人，厅局级干部 2859 人，县处级干部 2.2 万人，乡科级干部 8.3 万人，一般干部 9.9 万人，农村、企业等其他人员 39.8 万人。[2]

2021 年第一季度，全国纪检监察机关共接收信访举报 83.7 万件次，处置问题线索 44 万件，谈话函询 8 万件次，立案 13.5 万件，处分 11.6 万人（其中党纪处分 9.8 万人）。处分省部级干部 5 人，厅局级干部 715 人，县处级干部 0.5 万人，乡科级干部 1.6 万人，一般干部 1.8 万人，农村、企业等其他人员 7.7 万人。[3]这比 2018

---

〔1〕 中央纪律检查委员会、国家监察委员会编写：《〈中华人民共和国监察法〉学习问答》，中国方正出版社 2018 年版。

〔2〕 数据来源：2021 年 1 月 26 日中央纪律检查委员会、国家监察委员会通报 2020 年全国纪检监察机关监督检查、审查调查情况，载中央纪律检查委员会、国家监察委员会网站 https://www.ccdi.gov.cn/toutiao/202101/t20210125_234753.html，2022 年 2 月 6 日访问。

〔3〕 数据来源：2021 年 4 月 21 日中央纪律检查委员会、国家监察委员会通报 2021 年第一季度全国纪检监察机关监督检查审查调查情况，载中央纪律检查委员会、国家监察委员会 https://www.ccdi.gov.cn/toutiao/202104/t20210420_239951.html，2022 年 2 月 6 日访问。

年、2020 年第一季度有较大幅度增长。

以上数字触目惊心，可见公职人员刑事法律风险之高。（2015 年政府首次披露公务员人数，也是截至 2020 年唯一的一次，而职务犯罪的案件近年来持续增长。）

我国的公职人员，从普通科员成长为一定级别的领导干部，都需要不断地努力及长期的历练。一般情况下，从普通科员成长为副处级官员大约需要 12 年，从普通科员成长为正厅局级官员大约需要 25 年。一路走来，非常不容易。公职人员一但涉及刑事犯罪，不但断送了自己的政治生命，面临牢狱之灾，一生为之拼搏的荣誉也会付之东流，甚至给整个家庭造成毁灭性的伤害。

国家机关及国有企事业单位的公职人员易产生刑事法律风险的岗位主要有决策、人事、财务、采购、计量、放行、市场经营等。这是梳理了裁判文书网中大量的实证案例得出的结论，也符合大多数人的认知。职位越高，被授予的权力就越大，刑事风险也越高。

因此，公职人员如何能保证自己的政治生涯平安无事，如何避免涉刑事法律风险，是每一名公职人员的必修课。

公职人员法律知识与思维

第二章
CHAPTER 02

一、刑事法律政策

（一）现代刑事司法的原则

1. 无罪推定——认定一个人有罪必须经过法院判决

无罪推定原则是现代法治国家刑事司法通行的一项重要原则，是国际公约确认和保护的一项基本人权，也是联合国在刑事司法领域制定和推行的最低限度标准之一。

无罪推定最早是在启蒙运动中被作为一项思想原则提出来的。1764 年 7 月，意大利刑法学家贝卡里亚在其名著《论犯罪与刑罚》中，抨击了残酷的刑讯逼供和有罪推定，提出了无罪推定的理论构想，即"在法官判决之前，一个人是不能被称为罪犯的。只要还不能断定他已经侵犯了给予他公共保护的契约，社会就不能取消对他的公共保护"。

无罪推定是一种典型的直接推定，无须基础事实即可证明无罪这一推定事实的存在。换言之，证明被告人犯罪的责任由控诉一方承担，被告人不负证明自己有罪的义务。

任何受刑事控告者，在被证实和判决有罪之前，应被推定为无罪。无罪推定是为确定被告人在刑事诉讼中的地位，据此设定被告人的诉讼权利义务，设定控辩对抗的现代诉讼机制。"被告人不等于罪犯"，这是无罪推定的首要之义。即在刑事诉讼中，无论何人，哪怕是现行犯，在未经法院依法审判确认有罪之前，其身份只能是"嫌疑人""被告人"；关于案由，只能是"涉嫌"。只有确立无罪推定原则，被告人才能成为诉讼主体，享有与控方对等的诉讼地位，享有以辩护权为核心的各项诉讼权利。

2018年修正的《刑事诉讼法》第12条明确规定："未经人民法院依法判决，对任何人都不得确定有罪。"在法院依法判决之前，任何人都不处于有罪公民的地位。公诉机关负有提出证据证明被告人有罪的责任，被告人不承担证明自己有罪或无罪的义务。公诉机关不能提出确实充分的证据证实被告人的罪行，法庭经过庭审和补充性调查也不能查明被告人有罪的事实，那么就只能判定被告人无罪。

2. 证据裁判——凭什么把我当成罪犯

认定案件事实，必须以证据为根据。重证据，重调查研究，不轻信口供，没有证据不得认定案件事实。在现代诉讼制度下，证据裁判原则至少包含有以下三方面的含义：

（1）没有证据不得认定案件事实。事实问题应当依据证据来裁判，这是证据裁判的基本含义。对于要证明的事实，没有证据就等于没有该项事实。我国《刑事诉讼法》第55条第1款规定："对一切案件的判处都要重证据，重调查研究，不轻信口供。只有被告人供述，没有其他证据的，不能认定被告人有罪和处以刑罚；没有被告人供述，证据确实、充分的，可以认定被告人有罪和处以刑罚。"这一规定鲜明地体现了证据裁判原则的此项要求。

没有证据既包括没有任何证据，也包括证据不充分的各种情形。也就是说，不能仅凭一些部分证据对全部案件事实作出推测。

（2）裁判所依据的必须是合法的证据。取证主体合法，是指负责对控方证据进行调查取证的人员应当符合法律规定的条件和资格。刑事诉讼法对控方证据的取证主体作了明确规定。如讯问嫌疑人应当由检察机关或者公安机关的侦查人员负责（在我国包括监察机关的调查人员），负责讯问的侦查人员不得少于两人。辨认笔录必须在两名以上侦查人员的主持下进行辨认，否则都属于取证主体违法，所取证据应予以排除。

取证手段合法，是指侦查人员在调查取证的方法、方式、手段、步骤等方面符合法定的诉讼程序要求。严禁以威胁、引诱、欺骗及其他非法方式收集证据。采用上述非法方法获取的言词证据，应当予以排除。实践中，主要通过查看看守所提讯登记、《入所体检表》，审查嫌疑人是否有伤痕记录，是否遭受刑讯逼供，同时结合讯问过程的同步录音录像，审查侦查人员是否实施刑讯逼供。必要时可以提请法庭通知侦查人员或者其他人员出庭说明情况。对于实物证据的收集、制作、储存、保全、出示等各个环节，刑事诉讼法均规定了相关程序。

证据表现形式合法，是指证据载体在记录证据收集过程和证据相关情况方面符合法定的要求。关键证据如抓获情况、证人证言、指认笔录等，侦查人员还可以对证据的收集过程进行录音录像。职务犯罪案件讯问嫌疑人，应当制作全程同步录音录像，影像资料由专人专门地点保存，以备查询。

（3）证据必须经法庭调查属实。在现代证据制度中，证据裁判原则是所有证据法和诉讼法制度的核心原则。整个诉讼制度就是围绕利用证据认定案件事实这一核心的。否则，诉讼制度将不复存在。证据裁判原则与其他诉讼法和证据法原则相比，具有优先性。自由心证必须在优先适用证据裁判原则的前提下才能适用。要贯彻无罪推定原则，就必须在有证据证明被告人有罪的情况下，才能对被告人定罪量刑。

3. 非法证据排除——没有资格的证据不能进入法庭

不得强迫任何人证实自己有罪。经审查认定的非法证据，应当依法予以排除，不得作为定案的根据。非法证据排除规则源自英美法，于 20 世纪初产生于美国。当今世界各国及国际组织，大都制定有非法证据排除规则。它通常指执法机关及其工作人员使用非法行为取得的证据不得在刑事审判中采纳的规则。

根据《刑事诉讼法》以及相关司法解释规定，严禁刑讯逼供和以威胁、引诱、欺骗以及其他非法方法收集证据，不得强迫任何人证实自己有罪。对一切案件的判处都要重证据，重调查研究，不轻信口供。采取殴打、违法使用戒具等暴力方法或者变相肉刑的恶劣手段，使犯罪嫌疑人、被告人遭受难以忍受的痛苦而违背意愿作出的供述，应当予以排除。采用以暴力或者严重损害本人及其近亲属合法权益等进行威胁的方法，使犯罪嫌疑人、被告人遭受难以忍受的痛苦而违背意愿作出的供述，应当予以排除。采用非法拘禁等非法限制人身自由的方法收集的犯罪嫌疑人、被告人供述，应当予以排除。采用暴力、威胁以及非法限制人身自由等非法方法收集的证人证言、被害人陈述，应当予以排除。收集物证、书证不符合法定程序，可能严重影响司法公正的，应当予以补正或者作出合理解释；不能补正或者作出合理解释的，对有关证据应当予以排除。

4. 疑罪从无——存疑有利于被告原则

认定被告人有罪，必须达到犯罪事实清楚，证据确实、充分的证明标准。根据掌握的已有证据，既不能排除被告人的犯罪嫌疑，又不能足以认定被告人就是犯罪行为人，从有利于被告人的角度出发，从法律上推定被告人无罪的司法原则。因此，疑罪从无原则又称"有利被告人原则"。

我国《刑事诉讼法》第162条规定，公安机关侦查终结的案件，应当做到犯罪事实清楚，证据确实、充分。第98条规定，犯罪嫌疑人、被告人被羁押的案件，不能在本法规定的侦查羁押期限内办结，需要继续查证、审理的，对犯罪嫌疑人、被告人可以取保候审或监视居住。上述条文并未明确规定疑罪从无原则，但从条文的相互关系中，可以推理出适用疑罪从无原则。

《刑事诉讼法》第175条第4款规定："对于二次补充侦查的案件，人民检察院仍然认为证据不足，不符合起诉条件的，应当作出不起诉的决定。"第200条第3款规定，人民法院根据已经查明的事实、证据和有关的法律规定，对证据不足，不能认定被告人有罪的，应当作出证据不足、指控的犯罪不能成立的无罪判决。

5. 程序公正——在规则下"斗法"

在司法过程中，从立案到审理再到判决，有一套完整的司法程序。一是立案，符合立案条件的都应该立案；二是审理，审理主要是对控辩双方提供的证据进行去伪存真，将证据组成符合逻辑的证据体系；三是判决，法官根据审理过程获得的证据，依据法律进行判决。司法过程的每个环节，为了体现公开公平公正的原则，事先都进行了具体的程序设置，审理过程、判决过程都有具体的程序设置，辩护律师根据程序设置，参与案件的整个审理过程，进行维权辩护，为判决结果增加了一道维护公正的防线。

通过法庭审判的程序公正实现案件裁判的实体公正。发挥庭审在查明事实、认定证据、保护诉权、公正裁判中的决定性作用，确保诉讼证据出示在法庭、案件事实查明在法庭、诉辩意见发表在法庭、裁判结果形成在法庭。

（二）犯罪成立的证明标准

证明标准，又称"证明要求"。是指法律要求的诉讼证明中运用证据证明案件事实所要达到的程度。近代以来，就有刑事诉讼和民事诉讼两种不同的证明标准。英美证据法传统上有两种证明标准：一是不存在任何合理怀疑的证据，适用于刑事案件；一是盖然性超过他方的证据，适用于民事案件。在证明责任由被告人承担的少数刑事案件中，也适用民事诉讼中的证明标准。

排除合理怀疑标准是英美法系国家公认的刑事诉讼证明标准，所谓"排除合理怀疑"，首先意味着检控方对被告人有罪的证明并不需要达到排除"一切怀疑"的程度，它所要求的只是排除"合理的怀疑"。这并不是从正面对证明被告人有罪的标准所作的解释。如果从正面解释的话，这一标准可以变为"内心确信的证明"。但这已经不再是"排除合理怀疑"的本意。合理怀疑是有根据的怀疑，而不是无根据的怀疑，怀疑者本人能清楚地说明怀疑的根据是什么。排除合理怀疑的证明并不排除所有的可能性，而是排除那种没有根据的可能性。在存在合理怀疑时，法官应当作出有利于被告人的认定结论。

高度盖然性标准，即在《最高人民法院关于民事诉讼证据的若干规定》中规定了"高度盖然性"证明标准，双方当事人对同一事实举出相反的证据，但都没有足够的依据否定对方证据的，人民法院应当结合案件情况，判断一方提供的证据的证明力是否明显大于另一方提供证据的证明力，并对证明力较大的证据予以确认。因证据的证明力无法判断导致争议事实难以认定的，人民法院应当依据举证责任分配的规则作出裁判。根据此条规定，在双方当事人对同一事实举出相反证据且都无法否定对方证据的情况下，一方当事人的证明力较大的证据支持的事实具有高度盖然性，人民法院应当依据这一证据作出判决。根据审判实践经验，民事诉讼与刑事诉讼的证明标准是有差异的，不同案件证据证明所能达到的程度往往也是有差别的，由于法官是不能拒绝裁判的，所以在民事诉讼证据无法达到确实充分，所证明的事实不能达到完全排除其他可能性的情况下，只能按照高度盖然性的证明标准作出判断。

我国《刑事诉讼法》规定的证明标准是"事实清楚，证据确实充分，排除合理怀疑"。对一切案件的判处都要重证据，重调查研究，不轻信口供。只有被告人供述，没有其他证据的，不能认定被告人有罪和处以刑罚；没有被告人供述，证据确实、充分的，可以认定被告人有罪和处以刑罚。证据确实充分应当符合：定罪量刑的事实都有证据证明；据以定案的证据均经法定程序查证属实；综合全案证据，对所认定事实已排除合理怀疑。对证据的真实性，应当综合全案证据进行审查。对证据的证明力，应当根据具体情况，从证据与案件事实的关联程度、证据之间的联系等方面进行审查判断。

没有直接证据，但间接证据同时符合下列条件的，可以认定被告人有罪：证据已经查证属实；证据之间相互印证，不存在无法排除的矛盾和无法解释的疑问；全案证据已经形成完整的证据链（证明体系）；根据证据认定案件事实足以排除合理怀疑，结论具有唯一性；运用证据进行的推理符合逻辑和经验。

案件中所有能够证明构成犯罪的事实和量刑的事实都要有相应的证据加以证明；定案证据经法庭控辩双方举证、质证，符合真实性、合法性、关联性；综合所有证据证明的事实已排除合理怀疑，没有相反可能。

《监察法》规定，国家监察工作严格遵照宪法和法律，以事实为根据，以法律为准绳；在适用法律上一律平等；监察机关在收集、固定、审查、运用证据时，应当与刑事审判关于证据的要求和标准相一致。以非法方法收集的证据应当依法予以排除，不得作为案件处置的依据。监察机关应当严格按照程序开展工作，建立问题线索处置、调查、审理各部门相互协调、相互制约的工作机制。监察机关对职务违法和职务犯罪案件，应当进行调查，收集被调查人有无违法犯罪以及情节轻重的证据，查明违法犯罪事实，形成相互印证、完整稳定的证据链。严禁以威胁、引诱、欺骗及其他非法方式收集证据，严禁侮辱、打骂、虐待、体罚或者变相体罚被调查人和涉案人员。以上规定就体现了无罪推定、证据裁判、程序正当的现代刑事司法理念。

二、养成良好的生活习惯

当前社会生活环境复杂，公职人员应有效防范刑事风险，在日常生活中养成良好的生活习惯，防微杜渐，远离风险。

（一）懂舍得，不贪财

贪财是人的本性，但一定要把握住原则，所谓"君子爱财，取之有道"。所有因贪腐落马的公职人员无一例外地是收受了大量的非法钱财。应当说，以现在公职人员的综合待遇，在社会生活中维持中等水平是没有问题的，万不可利用手中的权力过奢侈的生活。要守得住清贫，耐得住寂寞。想做公职人员就不能随心所欲，否则干脆从体制内走出来，潇洒地生活。

人这一生，拥有再多的钱财也不过是数字，有时钱财甚至会带来灭顶之灾，如电视剧《人民的名义》中所演的贪官，其贪污来的钱并没有用来享受生活，却成了自己犯罪的铁证。贪污的钱财越多，判的越重。现实中的"小官巨贪"式的典型人物——原秦皇岛市城管局副调研员、秦皇岛市北戴河供水总公司总经理马某某，在其家中搜出 1.2 亿元现金、37 公斤黄金、68 套房产手续。

不要妄想把贪腐得来的钱财给子孙后代留下，让孙子后代掌握生存的能力才是正道。例如，某省委书记的老婆贪腐巨额财产，宁肯自己被判死刑也不肯交待钱款的下落，还将这些赃款交给其儿子、儿媳转移至国外。后该巨额钱财被薛某所骗，其儿媳也改嫁薛某，不知其泉下有知是否后悔。

（二）色字头上一把刀

人的欲望除了钱财，第二就是女色，所以作为公职人员，面对女色一定要克制，绝不可认为自己有了权力就可以为所欲为。在中国，因女色落马的公职人员不胜枚举。最愚蠢的官员当属内蒙古自治区政协原副主席赵某某。[1]

（三）避免被不法商人围猎

商人围猎公职人员的手段花样百出，不断刷新人们的底线。从一点一滴的小事吃吃喝喝，到送贵重礼物，甚至有人"送儿子"。[2]

公职人员要清楚商人口中所谓的"友谊""哥们儿情谊"，不过是想通过权力寻租的方式获得利益。商人围猎官员的成本和付出与官员手中权力的大小、商人能够获利的多少成正比。这种友谊必然会埋下隐患，成为不定时的炸弹。

（四）远离高危人和事

公职人员一定要远离涉黑、涉恶、黄、赌、毒及有暴力倾向的人员。近朱者赤，近墨者黑，与这些人交往不但会沾染上不良习气，还可能丧失是非观念，堕落为其中的一员。同时，绝不可接受此类人员的请托，为其办事。因为，涉黑、涉恶、黄、赌、毒及暴力犯罪历来是政府严厉打击的对象，而为这些人办事，就像抱着一颗定时炸弹，说不清何时就会爆炸。近年来，司法机关刀刃向内的清理运动，涉及重点人员的案件会倒查三十年。当年为孙小果办事的公职人员现在都受到了追究，可谓教训深刻。

（五）培养健康的业余爱好

养成良好的生活习惯，培养健康的业余爱好是避免被围猎、避免犯错误的重要保障。在紧张的工作之余可以选择如郊游、徒步、自行车等健身活动，还可以培养一些书法、绘画、下棋、听音乐等爱好。参加这些活动，与没有利益关系的人群交往，有共同的爱好，乐在其中，不但可以于紧张工作之余得到放松，陶冶情操，还可以推掉一些无聊的应酬，避免被围猎。

（六）幸福一家人

非必要不在外面吃饭，尽量在家里吃。这样既有利于家庭和睦，同时也可以锻炼厨艺。平时经常到夫妻双方父母家里聚聚，既孝敬

---

〔1〕 "内蒙古政协原副主席赵黎平被执行死刑 曾枪杀情妇"，载 https://news.qq.com/a/20170526/025690.htm，2022年2月6日访问。

〔2〕 "国家统计局原局长受贿细节：346万代孕，儿子还没满月就落马"，载 https://www.sohu.com/a/334374141_173819，2022年2月6日访问。

了父母又温暖了家庭。参加活动时尽量夫妻和孩子一起参加、一起做家务，这样既没有必要参加无聊的社交，也避免了外遇、婚外情的产生。

第三章
CHAPTER 03

第三章 收受财物的认识误区

一、打牌赢的钱不是受贿

自从魏光正（化名，下同）当上领导以来，总有些人约其打麻将。而他自觉牌技不错，近来更是运气冲天，几乎逢赌必赢。他的妻子善意地提醒他别犯错误，他却说："我打牌赢的钱，不是受贿。"

【分析】麻将、扑克、牌九等是我国常见的娱乐方式，是靠技巧和运气取胜的，输赢都是有概率的，有输有赢才是正常现象。一般而言普通人是输多赢少，自古就有"十赌九输"之说。如果一个人光赢不输，必然是不正常的。

一些别有用心的人可能会将打牌作为围猎官员的一种方式——一方故意输钱，一方心领神会地赢钱。赢的一方肯定是手握某种权利的公职人员，输的一方必然是想走"捷径"办成事的人员，看似是娱乐消遣，实则是行贿受贿。当然，其表现形式可能是多种多样的。通常情况下，双方都参与打牌，行贿人一直输或绝大多数时间输，受贿人一直赢或绝大多时间数赢，这种方式比较直接。另一种形式是行贿人不直接参与打牌，而是向受贿人提供赌资，赢了归受贿人，输了算行贿人的。对此，最高人民法院专门出台了司法解释作出了明确规定。

相关法条

《最高人民法院、最高人民检察院关于办理赌博刑事案件具体应用法律若干问题的解释》（法释〔2005〕3号）

第七条　通过赌博或者为国家工作人员赌博提供资金的形式实

施行贿、受贿行为，构成犯罪的，依照刑法关于贿赂犯罪的规定定罪处罚。

《最高人民法院、最高人民检察院关于办理受贿刑事案件适用法律若干问题的意见》（法发〔2007〕22号）

五、关于以赌博形式收受贿赂的认定问题

根据《最高人民法院、最高人民检察院关于办理赌博刑事案件具体应用法律若干问题的解释》第七条规定，国家工作人员利用职务上的便利为请托人谋取利益，通过赌博方式收受请托人财物的，构成受贿。

实践中应注意区分贿赂与赌博活动、娱乐活动的界限。具体认定时，主要应当结合以下因素进行判断：（1）赌博的背景、场合、时间、次数；（2）赌资来源；（3）其他赌博参与者有无事先通谋；（4）输赢钱物的具体情况和金额大小。

通过以上规定可以看出，构成赌博贿赂犯罪必需符合以上规定的条件，"赢"的一方利用了职务上的影响或便利，"输"的一方有谋取不正当利益的目的，有给付和收受"赌资"的行为，数额达到较大的标准。

公职人员业余时间进行的带有少量输赢性质的打麻将或其他方式，赌资不大，输赢概率正常的娱乐方式，不构成犯罪。

二、钱是老婆收的，我没参与不能算受贿

魏光正自担任领导职务后，由于太忙，许多找他办事的人往往通过其老婆和儿子搞些"经济往来"，有些他知道，有些则是事后与他打过招呼。

"钱是老婆收的，我事先不知道，也没有直接收钱。"

"我给他帮忙后，他送给我儿子一些公司股份，后来又回购回去，那是他们之间的事，我不清楚，我自己没有收钱。"

【分析】国家工作人员利用职务上便利为他人谋利，身边人收钱，要看其是否知情，以及知情后的态度。司法解释规定，特定关系人收钱，国家工作人员知道后未退还或上交的，认定国家工作人

员有受贿的故意。特定关系人包括近亲属、情妇及其他共同利益关系人。

相关法条

《最高人民法院、最高人民检察院关于办理贪污贿赂刑事案件适用法律若干问题的解释》（法释〔2016〕9号）

第十六条第二款　特定关系人索取、收受他人财物，国家工作人员知道后未退还或者上交的，应当认定国家工作人员具有受贿故意。

《最高人民法院、最高人民检察院关于办理受贿刑事案件适用法律若干问题的意见》（法发〔2007〕22号）

十一、关于"特定关系人"的范围

本意见所称"特定关系人"，是指与国家工作人员有近亲属、情妇（夫）以及其他共同利益关系的人。

三、每次收受的财物价值都达不到立案标准，不构成犯罪

魏光正自当上领导以来，多次为他人"办事"，收到他人一些"好处费"。但他每次都收下不到3万元。媳妇提醒他注意，他却说："没事，我查过法律了，立案标准是3万元，我收的钱不够立案标准，不构成犯罪。"

【分析】这种说法是不正确的，对于受贿数额的确定，根据最高人民法院司法解释的规定，单笔受贿金额未达到立案标准，多次受贿的数额未经处理的，累计计算；还要注意一万元以上不满三万元的，有几种情况也是构成犯罪的。

相关法条

《最高人民法院、最高人民检察院关于办理贪污贿赂刑事案件适用法律若干问题的解释》（法释〔2016〕9号）

第一条　贪污或者受贿数额在三万元以上不满二十万元的，应当认定为刑法第三百八十三条第一款规定的"数额较大"，依法判处

三年以下有期徒刑或者拘役，并处罚金。

贪污数额在一万元以上不满三万元，具有下列情形之一的，应当认定为刑法第三百八十三条第一款规定的"其他较重情节"，依法判处三年以下有期徒刑或者拘役，并处罚金：

（一）贪污救灾、抢险、防汛、优抚、扶贫、移民、救济、防疫、社会捐助等特定款物的；

（二）曾因贪污、受贿、挪用公款受过党纪、行政处分的；

（三）曾因故意犯罪受过刑事追究的；

（四）赃款赃物用于非法活动的；

（五）拒不交待赃款赃物去向或者拒不配合追缴工作，致使无法追缴的；

（六）造成恶劣影响或者其他严重后果的。

受贿数额在一万元以上不满三万元，具有前款第二项至第六项规定的情形之一，或者具有下列情形之一的，应当认定为刑法第三百八十三条第一款规定的"其他较重情节"，依法判处三年以下有期徒刑或者拘役，并处罚金：

（一）多次索贿的；

（二）为他人谋取不正当利益，致使公共财产、国家和人民利益遭受损失的；

（三）为他人谋取职务提拔、调整的。

第十二条　贿赂犯罪中的"财物"，包括货币、物品和财产性利益。财产性利益包括可以折算为货币的物质利益如房屋装修、债务免除等，以及需要支付货币的其他利益如会员服务、旅游等。后者的犯罪数额，以实际支付或者应当支付的数额计算。

第十五条　对多次受贿未经处理的，累计计算受贿数额。

国家工作人员利用职务上的便利为请托人谋取利益前后多次收受请托人财物，受请托之前收受的财物数额在一万元以上的，应当一并计入受贿数额。

四、我收的钱都退了，不能算受贿

魏光正在得知自己可能会被调查后，急忙将之前收受他人的财物退了回去，心想这样便可以"高枕无忧"了。

"我这些年收的钱，在组织上找我谈话后，有的退给了当事人，有的上交了组织，我一分钱没剩。"

"我虽然收了钱，但我没有为他牟利，一直想退给他，过了两年还是退给他了。"

【分析】根据相关法律规定，对于行为人收受他人财物后又退回的，主要是区分其是否有受贿故意，要看其是主动退回，还是被动退回。主动退回，是指行为人在发现行贿人给予的财物后马上退回；还有一种情况是，当时没有发现，比如，行贿人将财物放在文件袋或鲜花、果蔬篮等礼品中，在发现后及时退回。这种情况可以判定行为人没有受贿的主观故意。

被动性退回，是指行为人有受贿的故意，在收受他人财物后因行贿人索要或者因相关人员被调查，担心受贿行为败露而将财物退回或上交组织。这种情况下受贿已经完成，是犯罪的既遂，构成受贿罪无疑，但可以作为量刑情节考虑。还有一种情况是受贿人几番推辞，行贿人几经坚持，最后受贿人便顺势收下了财物，也是构成受贿的。

相关法条

《最高人民法院、最高人民检察院关于办理受贿刑事案件适用法律若干问题的意见》（法发〔2007〕22号）

九、关于收受财物后退还或者上交问题

国家工作人员收受请托人财物后及时退还或者上交的，不是受贿。

国家工作人员受贿后，因自身或者与其受贿有关联的人、事被查处，为掩饰犯罪而退还或者上交的，不影响认定受贿罪。

五、礼尚往来或收了钱但没办事，不算受贿

魏光正自当上领导以来，亲朋好友经常有人来"套近乎"，给他放下一些财物就走，说是"礼尚往来"，也有人表示希望魏光正能够"关照一下"，但魏光正一直都按规定办事，也没有特别关照谁，久

而久之他觉得大家都是朋友，收礼也就变得心安理得。他认为自己没有实际关照过，没事。

这是人情往来，最多是不正之风，不是犯罪。

他们过年过节送我购物卡或现金，我一般会回赠他们一些烟酒，这是礼尚往来，不是受贿。即使是受贿，也算我退还了一部分，应扣除回赠财物的价值。

每逢过年过节，我都会收到下属的红包，但他们都没有求我办什么事，就是为了联络感情。

我是收了钱，也答应会帮忙办，但我没有决定权，也没有否决权，我根本就没有帮上忙，答应帮忙只是嘴上说说。

收钱时，只是说以后多关照，没有具体说关照什么，后来确实也没有实际关照什么，没有权钱交易，这应不算受贿。

招标过程中，我是收了他的钱，但整个招标过程都是按照规定办的，他也没有中标。

不管他给不给我送钱，这笔款按照规定都是应当给他结算的，我既没有多给他结算，也没有违反规定。

以上种种说辞都可能构成受贿罪的借口。

【分析】礼尚往来本是很正常的事。礼尚往来与受贿的区别在于双方是否存在亲友关系、是否有历史交往，财物"往来"是否有来有往，还有财物价值是否大体相当等。有没有为对方谋取利益是核心要件，为对方谋取利益既包括实际承诺为他人谋取利益，也包括没有承诺但明知他人请托的事项可能影响其职权的行使，而在事后收受他人财物，这些都属于受贿。

行贿罪中国家工作人员的行为必须是为了谋取不正当利益，而受贿罪只要求国家工作人员为他人谋取利益，既包括合法利益也包括非法利益，既包括正当利益也包括不正当利益。因此，国家工作人员在其职权允许或应当履行的义务范围内，为他人谋取合法利益而非法收受他人财物的，同样构成受贿罪。即，只要利用职权收受财物并承诺帮忙办事，无论办成与否，办事性质如何，都构成受贿罪。

相关法条

《最高人民法院、最高人民检察院关于办理商业贿赂刑事案件适用法律若干问题的意见》（法发〔2008〕33 号）

十、办理商业贿赂犯罪案件，要注意区分贿赂与馈赠的界限。主要应当结合以下因素全面分析、综合判断：（1）发生财物往来的背景，如双方是否存在亲友关系及历史上交往的情形和程度；（2）往来财物的价值；（3）财物往来的缘由、时机和方式，提供财物方对于接受方有无职务上的请托；（4）接受方是否利用职务上的便利为提供方谋取利益。

《最高人民法院、最高人民检察院关于办理贪污贿赂刑事案件适用法律若干问题的解释》（法释〔2016〕9 号）

第十三条 具有下列情形之一的，应当认定为"为他人谋取利益"，构成犯罪的，应当依照刑法关于受贿犯罪的规定定罪处罚：

（一）实际或者承诺为他人谋取利益的；

（二）明知他人有具体请托事项的；

（三）履职时未被请托，但事后基于该履职事由收受他人财物的。

国家工作人员索取、收受具有上下级关系的下属或者具有行政管理关系的被管理人员的财物价值三万元以上，可能影响职权行使的，视为承诺为他人谋取利益。

六、我收的钱用于公务开支和公益事业了，不算受贿

魏光正在担任某单位领导期间，将受贿所得的钱，一部分用于单位的支出，一部分捐赠给了慈善机构，他觉得反正没有拿回家，顶多是算违规，不算受贿。

"我收的钱，有的给了我结对帮扶的贫困家庭，有的用于老家建桥、修路、修建小广场，有的捐给了养老院、红十字会和希望工程，自己一分没留下，怎么认定我受贿呢？"

"我收的钱，都用于单位日常公务接待了，虽说我个人也在里面

吃了喝了，但都是为了工作。"

【分析】有人错误地认为，受贿之后只要财物不落入自己的腰包，而是用于公务接待、差旅报销，或者用于公益事业，就构不成受贿罪。对此，相关司法解释规定，国家工作人员出于贪污、受贿的故意，非法占有公共财物、收受他人财物之后，用于单位公务支出或者社会捐赠的，不影响贪污、受贿罪的认定，量刑可以酌情从轻。简单说，就是国家工作人员受贿行为完成后，受贿的款物没有及时上交，而是捐赠给社会公益、慈善事业或用于单位公务支付，即使没有装入个人腰包，也是对受贿既遂后的处分行为，构成受贿犯罪。

相关法条

《最高人民法院、最高人民检察院关于办理贪污贿赂刑事案件适用法律若干问题的解释》（法释〔2016〕9 号）

第十六条　国家工作人员出于贪污、受贿的故意，非法占有公共财物、收受他人财物之后，将赃款赃物用于单位公务支出或者社会捐赠的，不影响贪污罪、受贿罪的认定，但量刑时可以酌情考虑。

特定关系人索取、收受他人财物，国家工作人员知道后未退还或者上交的，应当认定国家工作人员具有受贿故意。

七、我们是借贷关系，不是受贿

魏光正是某单位的领导，在一次购买房屋中，手头有点拮据，向一个朋友借款若干。此后，该朋友在魏光正关照下承揽到几个项目，送给魏光正几次好处费，双方都心照不宣地打了借条。魏光正认为，有了借条即使查到也没事。

"我儿子买房时他给了 50 万元，我知道他是看中了我手上的权力，但我们签订了借款协议，所以这笔钱是民间借贷，不是受贿。"

"他买的这辆车，虽说是我一直在用，但登记在他的名下，所有权是他的，这车只能算我借他的，不能算受贿。"

【分析】实践中，在行贿受贿的案件中，当事人往往用打借条的形式作掩护。判断是否为正常借贷关系的考虑因素有：借款的事由、款项流水、双方平时关系、有无经济往来、归还的意思表示及还款能力、未归还的原因、是否利用职务上的便利为其谋取利益等。对长期"借用"房产、汽车等物品未办理权属登记的，不影响受贿罪的成立。

相关法条

《最高人民法院关于印发〈全国法院审理经济犯罪案件工作座谈会纪要〉的通知》（法发〔2003〕167号）

三、关于受贿罪

（六）以借款为名索取或者非法收受财物行为的认定

国家工作人员利用职务上的便利，以借为名向他人索取财物，或者非法收受财物为他人谋取利益的，应当认定为受贿。具体认定时，不能仅仅看是否有书面借款手续，应当根据以下因素综合判定：

（1）有无正当、合理的借款事由；

（2）款项的去向；

（3）双方平时关系如何、有无经济往来；

（4）出借方是否要求国家工作人员利用职务上的便利为其谋取利益；

（5）借款后是否有归还的意思表示及行为；

（6）是否有归还的能力；

（7）未归还的原因；等等。

最高人民法院、最高人民检察院《关于办理受贿刑事案件适用法律若干问题的意见》（法发〔2007〕22号）

八、关于收受贿赂物品未办理权属变更问题

国家工作人员利用职务上的便利为请托人谋取利益，收受请托人房屋、汽车等物品，未变更权属登记或者借用他人名义办理权属变更登记的，不影响受贿的认定。

认定以房屋、汽车等物品为对象的受贿，应注意与借用的区分。具体认定时，除双方交代或者书面协议之外，主要应当结合以下因素进行判断：

（1）有无借用的合理事由；

（2）是否实际使用；

（3）借用时间的长短；

（4）有无归还的条件；

（5）有无归还的意思表示及行为。

八、这是给我的劳务费，不是受贿

魏光正是一家事业单位的总工程师，系统内下属单位的技术问题都由其提供技术支持，为此，经常有下属单位给其数额不菲的"咨询费"。

"我是负责这方面的技术总负责人，他公司遇到这方面的问题找我出主意，这钱是他给我的技术咨询费，相当于他公司支付的顾问费。"

"我是我们这个系统的总工，下面的施工单位给我的钱是我应得的劳务报酬。"

【分析】国家工作人员以劳务费、技术咨询费的名义收取的款物，界定是正常劳务费报酬还是受贿财物，主要看行为人是利用职务便利获得的财物，还是利用个人技术提供服务获得的财物；是否真的提供了服务；收受的款物与提供的服务是否等值。简单地说，如果是利用了职务便利，则认定为受贿，如果与职务无关，则不认定受贿。

九、我只是牵线搭桥，不算犯罪

魏光正当领导后，经常有亲朋好友来求他办事，对不属于他管辖部门的事，往往通过其他相关领导也都能办成。

"他办房产过户想少缴税，我给他引荐了办这事的人，后来让我转交了三万元。"

"他想向银行贷款，我跟银行的一个领导说了一下，很快批下来了。他给我些钱表示感谢，我没有利用自己的职权，不算受贿。"

【分析】帮助沟通关系、撮合条件，实现贿赂目的属于介绍贿赂。实践中，一些公职人员错误地认为，只要自己没有利用自身的职权，仅介绍他人把事办成的，收受感谢费不算受贿。相关司法解释明确规定，国家工作人员利用本人职权或者地位形成的便利条件，通过其他国家工作人员职务上的行为，为请托人谋取不正当利益，收受或者索取财物的，按受贿论处。简单地说，国家工作人员利用本人职权或者地位形成的便利条件，通过其他国家工作人员职务上的行为，为请托人谋取不正当利益，收受或索取财物的，构成受贿罪。另外，介绍请托人与其他国家工作人员，沟通关系促使他们实现行贿受贿的，不论目的，不论是否收受财物均可构成介绍行贿罪。

相关法条

《刑法》

第三百八十八条　【受贿罪】国家工作人员利用本人职权或者地位形成的便利条件，通过其他国家工作人员职务上的行为，为请托人谋取不正当利益，索取请托人财物或者收受请托人财物的，以受贿论处。

第三百八十八条之一第一款　【利用影响力受贿罪】国家工作人员的近亲属或者其他与该国家工作人员关系密切的人，通过该国家工作人员职务上的行为，或者利用该国家工作人员职权或者地位形成的便利条件，通过其他国家工作人员职务上的行为，为请托人谋取不正当利益，索取请托人财物或者收受请托人财物，数额较大或者有其他较重情节的，处三年以下有期徒刑或者拘役，并处罚金；数额巨大或者有其他严重情节的，处三年以上七年以下有期徒刑，并处罚金；数额特别巨大或者有其他特别严重情节的，处七年以上有期徒刑，并处罚金或者没收财产。

第三百九十二条　【介绍贿赂罪】向国家工作人员介绍贿赂，情节严重的，处三年以下有期徒刑或者拘役，并处罚金。

介绍贿赂人在被追诉前主动交待介绍贿赂行为的，可以减轻处罚或者免除处罚。

十、通过合法买卖获得的利益不能算受贿

魏光正在担任某市国土局长期间，从某开发商处低于市场价购

买了两套房产，后转卖他人，获利几十万元。他认为这是通过正常买卖获利，没有问题。

【分析】正常情况下的市场买卖行为，法律不作干涉。但有些情况是在"买卖"行为的掩护下进行的行贿受贿行为，也就是以交易的形式行贿受贿。区分是正常买卖还是权钱交易，主要是看其优惠价格是否向社会公众开放或者向某一群体开放。也就是说，其他社会公众或者某一群体成员是否都可以按相同条件购买。此种受贿方式还包括以高于市场的价格向请托人出售物品。

相关法条

《最高人民法院、最高人民检察院关于办理受贿刑事案件适用法律若干问题的意见》（法发〔2007〕22号）

一、关于以交易形式收受贿赂问题

国家工作人员利用职务上的便利为请托人谋取利益，以下列交易形式收受请托人财物的，以受贿论处：

（1）以明显低于市场的价格向请托人购买房屋、汽车等物品的；

（2）以明显高于市场的价格向请托人出售房屋、汽车等物品的；

（3）以其他交易形式非法收受请托人财物的。

受贿数额按照交易时当地市场价格与实际支付价格的差额计算。

前款所列市场价格包括商品经营者事先设定的不针对特定人的最低优惠价格。根据商品经营者事先设定的各种优惠交易条件，以优惠价格购买商品的，不属于受贿。

十一、我是公司股东，获得的是公司盈利和分红

魏光正当上领导后，有几个朋友便拉他开公司，让他做股东，他就用亲戚的身份在几个公司登记做了股东，在有的公司实际出资了一部分，有的是朋友代垫付的，美其名曰"从公司分红里扣除"。

【分析】近年来，通过购买公司股票或与人合伙开办公司等形式受贿的情形多发。首先应当明确，自己出资购买的可能升值的股票，不涉及证券犯罪的，属于正常经济行为，不是受贿。而以与人合伙

开公司，未出资或虚假出资获得干股或分红的形式获取利益的，按受贿论处。由于《公务员法》明确规定，公务员不得从事或者参与营利性活动，不得在企业或者其他营利性组织中兼任职务，因此，他们往往会用亲朋好友的名义参股，一经查实，也是违法的。

相关法条

《最高人民法院、最高人民检察院关于办理受贿刑事案件适用法律若干问题的意见》（法发〔2007〕22号）

二、关于收受干股问题

干股是指未出资而获得的股份。国家工作人员利用职务上的便利为请托人谋取利益，收受请托人提供的干股的，以受贿论处。进行了股权转让登记，或者相关证据证明股份发生了实际转让的，受贿数额按转让行为时股份价值计算，所分红利按受贿孳息处理。股份未实际转让，以股份分红名义获取利益的，实际获利数额应当认定为受贿数额。

三、关于以开办公司等合作投资名义收受贿赂问题

国家工作人员利用职务上的便利为请托人谋取利益，由请托人出资，"合作"开办公司或者进行其他"合作"投资的，以受贿论处。受贿数额为请托人给国家工作人员的出资额。

国家工作人员利用职务上的便利为请托人谋取利益，以合作开办公司或者其他合作投资的名义获取"利润"，没有实际出资和参与管理、经营的，以受贿论处。

《最高人民法院关于印发〈全国法院审理经济犯罪案件工作座谈会纪要〉的通知》（法发〔2003〕167号）

三、关于受贿罪

（七）涉及股票受贿案件的认定

在办理涉及股票的受贿案件时，应当注意：

（1）国家工作人员利用职务上的便利，索取或非法收受股票，没有支付股本金，为他人谋取利益，构成受贿罪的，其受贿数额按照收受股票时的实际价格计算。

（2）行为人支付股本金而购买较有可能升值的股票，由于不是

无偿收受请托人财物，不以受贿罪论处。

（3）股票已上市且已升值，行为人仅支付股本金，其"购买"股票时的实际价格与股本金的差价部分应认定为受贿。

十二、这是委托别人理财获得的收益，不算受贿

魏光正在担任某市发改委领导期间，有一次在"关照"某证券公司后，公司老总提出可以为其委托理财，每年保证收益不低于30%。

【分析】公职人员也有投资理财的需求，但是这也成为不法人员围猎官员的一种方式。借委托理财之名，行受贿之实，也可以被认定为受贿。现实中委托理财的情形较为复杂，到底是正常的委托理财还是受贿有时难以区分。但可考量的因素是：受托理财的人有无请托事项，是否存在委托人利用职务便利为受托人谋利，理财资金是否专设账号，理财的方式与资金的去向决定权等问题。如果投资回报明显高于同类市场投资，又不能说明理由的，很可能会被认定为受贿。

相关法条

《最高人民法院、最高人民检察院关于办理受贿刑事案件适用法律若干问题的意见》（法发〔2007〕22号）

四、关于以委托请托人投资证券、期货或者其他委托理财的名义收受贿赂问题

国家工作人员利用职务上的便利为请托人谋取利益，以委托请托人投资证券、期货或者其他委托理财的名义，未实际出资而获取"收益"，或者虽然实际出资，但获取"收益"明显高于出资应得收益的，以受贿论处。受贿数额，前一情形，以"收益"额计算；后一情形，以"收益"额与出资应得收益额的差额计算。

十三、这是上班的劳动所得，不算受贿

魏光正在担任某市副市长时，其情人在某公司挂名上班，除每

月领取高额工资外，每年还不定期地获得分红。

【分析】公职人的近亲属或者特定关系人以及其他共同利益人，以领取薪酬的方式受贿的情况屡见不鲜。如果其提供了正常的劳动，获得了正常工资薪酬，公职人员只是提供了就业的机会，不算受贿。如果其仅仅是挂名，不参予实际工作，或者正常上班但是领取的薪酬或分红远远超出同岗位正常水平，仍构成受贿罪。

相关法条

《最高人民法院、最高人民检察院关于办理受贿刑事案件适用法律若干问题的意见》（法发〔2007〕22号）

六、关于特定关系人"挂名"领取薪酬问题

国家工作人员利用职务上的便利为请托人谋取利益，要求或者接受请托人以给特定关系人安排工作为名，使特定关系人不实际工作却获取所谓薪酬的，以受贿论处。

七、关于由特定关系人收受贿赂问题

国家工作人员利用职务上的便利为请托人谋取利益，授意请托人以本意见所列形式，将有关财物给予特定关系人的，以受贿论处。

特定关系人与国家工作人员通谋，共同实施前款行为的，对特定关系人以受贿罪的共犯论处。特定关系人以外的其他人与国家工作人员通谋，由国家工作人员利用职务上的便利为请托人谋取利益，收受请托人财物后双方共同占有的，以受贿罪的共犯论处。

十四、"记不清了"是否可以瞒天过海

魏光正担任领导职务多年，家产巨大，但部分财产不能说明来源。

【分析】《刑法》规定，国家工作人员的财产、支出明显超过合法收入，差额巨大的，不能说明来源的，差额部分以非法所得论，构成巨额财产来源不明罪。行为人说明巨额财产来源于犯罪所得的，以其具体实施的犯罪定罪处罚；如果说明来源于一般违纪行为，经查证属实的，以具体实施的违纪行为按一般违纪处理，不构成犯罪；

不能说明来源、拒绝说明来源以及说明的来源经查证不属实的，构成巨额财产来源不明罪。

相关法条

《刑法》

第三百九十五条第一款　【巨额财产来源不明罪】国家工作人员的财产、支出明显超过合法收入，差额巨大的，可以责令该国家工作人员说明来源，不能说明来源的，差额部分以非法所得论，处五年以下有期徒刑或者拘役；差额特别巨大的，处五年以上十年以下有期徒刑。财产的差额部分予以追缴。

《行政机关公务员处分条例》（国务院令第 495 号）

第二十三条　有贪污、索贿、受贿、行贿、介绍贿赂、挪用公款、利用职务之便为自己或者他人谋取私利、巨额财产来源不明等违反廉政纪律行为的，给予记过或者记大过处分；情节较重的，给予降级或者撤职处分；情节严重的，给予开除处分。

十五、境外存款没有向组织报告，顶多是违规

魏光正担任领导职务多年，把孩子送往国外留学，并向国外转移了大量存款。

【分析】《刑法》规定，公职人员对其境外存款隐瞒不报，且数额较大的，往往与违法所得有关，潜在危险性巨大。包括国外的存款，也包括我国港、澳、台地区的存款；既包括外币如美元、欧元、英镑，也包括有价证券如股票、债券等。

相关法条

《刑法》

第三百九十五条第二款　【隐瞒境外存款罪】国家工作人员在境外的存款，应当依照国家规定申报。数额较大、隐瞒不报的，处二年以下有期徒刑或者拘役；情节较轻的，由其所在单位或者上级主管机关酌情给予行政处分。

第四章
CHAPTER 04
对单位、集体利益的认识误区

一、用"小金库"为大家发过节费顶多算违规

魏光正在担任某单位局长期间，设置了单位的"小金库"，有些不便走账的收支都从"小金库"走账。加班费、加班补贴、过节奖金等都从"小金库"中走账。魏光正认为，钱给大家发了，为大家谋了福利，不构成犯罪。

【分析】"小金库"是指违反法律法规的规定，应列入而未列入符合规定的单位账簿的各种资金及其形成的财产。简单来说，是单位从各种渠道获得的，未按照常规预算管理安排使用的资金，这些资金由单位自主决定使用，具有一定的随意性。中央曾三令五申地要求各级各单位进行清理，大力整治"小金库"。"小金库"内的资金和财产属于公共财产，如果将其侵吞、私分可能涉及贪污罪或者私分国有资产罪。

相关法条

《中共中央纪委、监察部、财政部、审计署关于在党政机关和事业单位开展"小金库"专项治理工作的实施办法》（中纪发〔2009〕7号）

一、专项治理的范围和内容

（二）专项治理内容

违反法律法规及其他有关规定，应列入而未列入符合规定的单位账簿的各项资金（含有价证券）及其形成的资产，均纳入治理范围。重点是2007年以来各项"小金库"资金的收支数额，以及2006

年底"小金库"资金滚存余额和形成的资产。对设立"小金库"数额较大或情节严重的，应追溯到以前年度。

"小金库"主要表现形式包括：

1. 违规收费、罚款及摊派设立"小金库"；

2. 用资产处置、出租收入设立"小金库"；

3. 以会议费、劳务费、培训费和咨询费等名义套取资金设立"小金库"；

4. 经营收入未纳入规定账簿核算设立"小金库"；

5. 虚列支出转出资金设立"小金库"；

6. 以假发票等非法票据骗取资金设立"小金库"；

7. 上下级单位之间相互转移资金设立"小金库"。

《最高人民法院关于印发〈全国法院审理金融犯罪案件工作座谈会纪要〉的通知》（法〔2001〕8号）

二、座谈会重点研究讨论了人民法院审理金融犯罪案件中遇到的一些有关适用法律问题。

（一）关于单位犯罪问题

根据刑法和《最高人民法院关于审理单位犯罪案件具体应用法律有关问题的解释》的规定，以单位名义实施犯罪，违法所得归单位所有的，是单位犯罪。

1. 单位的分支机构或者内设机构、部门实施犯罪行为的处理。以单位的分支机构或者内设机构、部门的名义实施犯罪，违法所得亦归分支机构或者内设机构、部门所有的，应认定为单位犯罪。不能因为单位的分支机构或者内设机构、部门没有可供执行罚金的财产，就不将其认定为单位犯罪，而按照个人犯罪处理。

二、给职工发购物卡，我自己一分没贪

魏光正在担任某单位一把手期间，每逢元旦、春节等所谓的"大节日"，都会为职工发放某大型超市购物卡，他认为，自己一分钱都没贪，都给职工发了福利就没事。

【分析】长期以来，各单位节日发购物卡的现象司空见惯。但自

中央"八项规定"（《中共中央政治局关于改进工作作风、密切联系群众的八项规定》）颁布以来，随着反腐工作的深入，一线职工福利也受到较大影响。过去很长一段时间里，职工正常福利所得与违法违纪发放的福利所得之间难以区分。如何区分合法福利与违法福利，是一个比较复杂的问题。

这就要看发放福利的行为是否违反国家规定。"国家规定"，主要是指与管理、使用、保护国有资产相关的由全国人民代表大会及其常务委员会制定的法律和决定，国务院制定的行政法规规定的行政措施、发布的决定和命令。根据以上规定，国家机关、国有公司、企事业单位、人民团体等依照预算法和有关预算外资金管理法规规定发放奖金、津贴、补贴的行为，以及国有公司依照公司法相关规定将所提取的法定公益金用于本公司职工集利的行为，是合法行为，不能认为是私分国有资产。在1997年修订的《刑法》增设私分国有资产罪以前，以单位名义将国有资产集体私分给职工的行为，通常是作为违纪行为处理的。也就是说，私分国有资产犯罪行为首先是一种违反财经纪律的行为。增设私分国有资产罪以后，看以国有资产违规发放福利的数额是否达到《刑法》第396条第1款规定的私分国有资产罪的追诉标准。根据《最高人民检察院关于人民检察院直接受理立案侦查案件立案标准的规定（试行）》（高检发释字〔1999〕2号），累计数额在10万元以上的，就达到私分国资产罪的追诉标准。

相关法条

《最高人民检察院关于人民检察院直接受理立案侦查案件立案标准的规定（试行）》（高检发释字〔1999〕2号）

一、贪污贿赂犯罪案件

（十一）私分国有资产案（第396条第1款）

私分国有资产罪是指国家机关、国有公司、企业、事业单位、人民团体，违反国家规定，以单位名义将国有资产集体私分给个人，数额较大的行为。

涉嫌私分国有资产，累计数额在10万元以上的，应予立案。

四、附则

（六）本规定中有关私分国有资产罪案中的"国有资产"，是指国家依法取得和认定的，或者国家以各种形式对企业投资和投资收益、国家向行政事业单位拨款等形成的资产。

三、单位改制，我借机多占点股份，不算啥

魏光正在担任某市农工商合作社主任期间，单位按照要求改制为农工商股份有限公司。在改制过程中，有一笔出租收益的债权租赁费100多万元因未到期而没有被纳入改制财产。魏光正和当时的副主任商议，准备将该款项作为新公司的启动资金，但其后该款一直闲置。

【分析】 该笔款项应当界定为国有资产，不论是魏光正和副主任私分，抑或是为改制后公司所用，都是国有资产。如果魏光正与副主任私分，或者作为新公司出资占股都涉嫌构成贪污罪，即使全部用于改制后分给全体职工，也涉嫌私分国有资产罪。

| 相关法条 |

《最高人民法院、最高人民检察院关于办理国家出资企业中职务犯罪案件具体应用法律若干问题的意见》（法发〔2010〕49号）

一、关于国家出资企业工作人员在改制过程中隐匿公司、企业财产归个人持股的改制后公司、企业所有的行为的处理

国家工作人员或者受国家机关、国有公司、企业、事业单位、人民团体委托管理、经营国有财产的人员利用职务上的便利，在国家出资企业改制过程中故意通过低估资产、隐瞒债权、虚设债务、虚构产权交易等方式隐匿公司、企业财产，转为本人持有股份的改制后公司、企业所有，应当依法追究刑事责任的，依照刑法第三百八十二条、第三百八十三条的规定，以贪污罪定罪处罚。贪污数额一般应当以所隐匿财产全额计算；改制后公司、企业仍有国有股份的，按股份比例扣除归于国有的部分。

所隐匿财产在改制过程中已为行为人实际控制，或者国家出资企业改制已经完成的，以犯罪既遂处理。

第一款规定以外的人员实施该款行为的，依照刑法第二百七十一条的规定，以职务侵占罪定罪处罚；第一款规定以外的人员与第一款规定的人员共同实施该款行为的，以贪污罪的共犯论处。

在企业改制过程中未采取低估资产、隐瞒债权、虚设债务、虚构产权交易等方式故意隐匿公司、企业财产的，一般不应当认定为贪污；造成国有资产重大损失，依法构成刑法第一百六十八条或者第一百六十九条规定的犯罪的，依照该规定定罪处罚。

二、关于国有公司、企业在改制过程中隐匿公司、企业财产归职工集体持股的改制后公司、企业所有的行为的处理

国有公司、企业违反国家规定，在改制过程中隐匿公司、企业财产，转为职工集体持股的改制后公司、企业所有的，对其直接负责的主管人员和其他直接责任人员，依照刑法第三百九十六条第一款的规定，以私分国有资产罪定罪处罚。

改制后的公司、企业中只有改制前公司、企业的管理人员或者少数职工持股，改制前公司、企业的多数职工未持股的，依照本意见第一条的规定，以贪污罪定罪处罚。

四、关于国家工作人员在企业改制过程中的渎职行为的处理

国家出资企业中的国家工作人员在公司、企业改制或者国有资产处置过程中严重不负责任或者滥用职权，致使国家利益遭受重大损失的，依照刑法第一百六十八条的规定，以国有公司、企业人员失职罪或者国有公司、企业人员滥用职权罪定罪处罚。

国家出资企业中的国家工作人员在公司、企业改制或者国有资产处置过程中徇私舞弊，将国有资产低价折股或者低价出售给其本人未持有股份的公司、企业或者其他个人，致使国家利益遭受重大损失的，依照刑法第一百六十九条的规定，以徇私舞弊低价折股、出售国有资产罪定罪处罚。

国家出资企业中的国家工作人员在公司、企业改制或者国有资产处置过程中徇私舞弊，将国有资产低价折股或者低价出售给特定关系人持有股份或者本人实际控制的公司、企业，致使国家利益遭受重大损失的，依照刑法第三百八十二条、第三百八十三条的规定，以贪污罪定罪处罚。贪污数额以国有资产的损失数额计算。

国家出资企业中的国家工作人员因实施第一款、第二款行为收受贿赂，同时又构成刑法第三百八十五条规定之罪的，依照处罚较重的规定定罪处罚。

四、都为公事吃了喝了，又没揣进我自己的腰包

魏光正自从担任单位领导后，应酬不断，几乎没有在家吃过一顿饭。除了单位里的招待活动，他还经常宴请各路"英雄豪杰"，发展人脉。他认为，多喝酒好办事。因此，他成为大家公认的"能人"。有些吃喝的费用单位财务下不了账，他就利用如"装修"费用、虚开多开发票虚列开支等方法套取。他放言道："吃了喝了，我没揣进自己腰包就没事。"

【分析】近来这种"舌尖上的腐败"充斥着一些人的头脑，认为用公款吃喝不算什么，只要不装进自己腰包就没事。殊不知，这里隐藏着极大的风险。如果在单位正常接待过程中不遵守相关规定，可能形成公务上的铺张浪费，属于违纪行为；对于非公务必需的花费部分可能会被认定成贪污罪。

相关法条

《中共中央办公厅、国务院办公厅关于在国内公务活动中严禁用公款宴请和有关工作餐的规定》

一、各级党和国家机关工作人员（含离休、退休人员，下同）在国内进行各种公务活动，包括上级到下级（含到企业、事业单位）检查指导工作、调查研究，同级之间、地区之间公务往来、参观学习以及干部工作调动等，严禁用公款搞任何形式的宴请。

二、党和国家机关工作人员到外地进行上述公务活动，在住所需要就餐时，应由就餐个人自购餐券就餐，自行交纳伙食补助费。

三、党和国家机关工作人员进行公务活动，在本埠不能回家或回单位，在外埠不能回住所吃饭的，可在职工食堂就餐或由接待单位供应工作餐。工作餐采用分餐制，一般不得陪餐。

工作餐不准上价格昂贵的菜肴，不准用公款购买烟、酒。工作

餐的金额标准由各省、自治区、直辖市根据本地实际情况确定，并报财政部备案。

用工作餐的人员需按当地规定标准交纳伙食费。

四、凡违反上述规定的，均属违纪行为。所动用的公款，必须由违纪单位负责向就餐者如数追还。对违反规定的单位和批准动用公款的责任人员，要按《国务院关于违反财政法规处罚的暂行规定》处理。是党员的，同时要按党的纪律进行处理。各省、自治区、直辖市常委、人民政府可根据本地情况制定具体办法，并报财政部、监察部和中纪委备案。

五、在交往礼节中接受的礼物，未及时上交

魏光正在担任某重要领导时，经常以单位名义与其他各地单位进行一些交流活动，还会进行一些国外考察活动。经常会接受一些礼物馈赠，有些进行了登记，还有些未进行登记和上交。

【分析】公职人员在对内和对外交往中，不得收受可能影响公正执行公务的礼物或接受馈赠的纪念品，因各种原因未能拒收的，应当按规定登记并上交。否则可能受到党纪政纪处分，严重的可能构成贪污罪。

相关法条

《刑法》

第三百九十四条 【贪污罪】国家工作人员在国内公务活动或者对外交往中接受礼物，依照国家规定应当交公而不交公，数额较大的，依照本法第三百八十二条、第三百八十三条的规定定罪处罚。

《中共中央办公厅、国务院办公厅关于对党和国家机关工作人员在国内交往中收受的礼品实行登记制度的规定》

第二条 党和国家机关工作人员在国内交往中，不得收受可能影响公正执行公务的礼品馈赠，因各种原因未能拒收的礼品，必须登记上交。

党和国家机关工作人员在国内交往（不含亲友之间的交往）中

收受的其他礼品，除价值不大的以外，均须登记。

第三条　按照第二条的规定须登记的礼品，自收受礼品之日起（在外地接受礼品的，自回本单位之日起）一个月内由本人如实填写礼品登记表，并将登记表交所在机关指定的受理登记的部门。受理登记的部门可将礼品的登记情况在本机关内公布。

登记的礼品按规定应上交的，与礼品登记表一并上交所在机关指定的受理登记的部门。

第四条　对于收受后应登记、上交的礼品在规定期限内不登记或不如实登记、不上交的，由所在党组织、行政部门或纪检监察机关责令其登记、上交，并给予批评教育或者党纪政纪处分。

第五条　本规定所称党和国家机关工作人员，是指党的机关、人大机关、行政机关、政协机关、审判机关、检察机关中从事公务的人员。

国有企业、事业单位的负责人，国家拨给经费的各社会团体中依照法律从事公务的人员，适用本规定。

第五章
CHAPTER 05 **挪用的认识误区**

一、用一下就还，没人知道

魏光正在担任某单位财务处长时，因偶然发现一个赌博网站，一时没忍住，把自己的钱赌输了又想翻本，遂动用了单位的 5 万元公款，想着翻本后马上还上。另外，在此期间，他还将公款借给其情人开服装店使用，说好借用一个月，到期偿还，但过了三个月仍未归还。

【分析】挪用公款是掌握单位公款的财务人员常犯的罪，他们总认为神不知，鬼不觉。殊不知，法律规定挪用公款数额较大的，进行营利活动的，超过 3 个月未归还的以及挪用公款进行违法活动的，都会构成挪用公款罪。

相关法条

《最高人民法院关于印发〈全国法院审理经济犯罪案件工作座谈会纪要〉的通知》（法发〔2003〕167 号）

四、关于挪用公款罪

（五）挪用公款归还个人欠款行为性质的认定

挪用公款归还个人欠款的，应当根据产生欠款的原因分别认定属于挪用公款的何种情形。归还个人进行非法活动或者进行营利活动产生的欠款，应当认定为挪用公款进行非法活动或者进行营利活动。

（六）挪用公款用于注册公司、企业行为性质的认定

申报注册资本是为进行生产经营活动作准备，属于成立公司、

企业进行营利活动的组成部分。因此，挪用公款归个人用于公司、企业注册资本验资证明的，应当认定为挪用公款进行营利活动。

《最高人民法院、最高人民检察院关于办理贪污贿赂刑事案件适用法律若干问题的解释》（法释〔2016〕9号）

第五条　挪用公款归个人使用，进行非法活动，数额在三万元以上的，应当依照刑法第三百八十四条的规定以挪用公款罪追究刑事责任；数额在三百万元以上的，应当认定为刑法第三百八十四条第一款规定的"数额巨大"。具有下列情形之一的，应当认定为刑法第三百八十四条第一款规定的"情节严重"：

（一）挪用公款数额在一百万元以上的；

（二）挪用救灾、抢险、防汛、优抚、扶贫、移民、救济特定款物，数额在五十万元以上不满一百万元的；

（三）挪用公款不退还，数额在五十万元以上不满一百万元的；

（四）其他严重的情节。

第六条　挪用公款归个人使用，进行营利活动或者超过三个月未还，数额在五万元以上的，应当认定为刑法第三百八十四条第一款规定的"数额较大"；数额在五百万元以上的，应当认定为刑法第三百八十四条第一款规定的"数额巨大"。具有下列情形之一的，应当认定为刑法第三百八十四条第一款规定的"情节严重"：

（一）挪用公款数额在二百万元以上的；

（二）挪用救灾、抢险、防汛、优抚、扶贫、移民、救济特定款物，数额在一百万元以上不满二百万元的；

（三）挪用公款不退还，数额在一百万元以上不满二百万元的；

（四）其他严重的情节。

二、每次挪用一点点，一直在还，应当没事

魏光正在担任某单位财务处长期间，经常在超市、商场使用公款进行消费，他认为，"每次用一点，每次都不够立案标准，及时还上，没什么事"。

【分析】实践中，多数公职人员与魏光正的想法一样，多次挪用

公款，每次数额都不大，及时还上就没事。实际上，挪用公款用于个人生活消费，数额较大，超过三个月未归还；或者用于营利活动、非法活动只要数额较大，就构成挪用公款罪。即使每次数额较小，累计也未达到立案标准的，也属于严重违纪，若被发现会受到严肃处理。

相关法条

《最高人民法院关于审理挪用公款案件具体应用法律若干问题的解释》（法释〔1998〕9 号）

第四条　多次挪用公款不还，挪用公款数额累计计算；多次挪用公款，并以后次挪用的公款归还前次挪用的公款，挪用公款数额以案发时未还的实际数额认定。

三、我是挪用了钱，但是没有用就还上了，不算挪用公款

魏光正担任某单位财务处长时，朋友拉其合伙成立投资理财公司，魏光正就挪用了一笔公款到自己账上，随时准备用于公司经营。但因朋友出了意外，又由于市场环境发生变化，公司迟迟没有运营。半年后，听说上级要来检查，他又赶紧将这笔钱退回到单位账上。

【分析】法律规定，只要将本单位的资金转移到个人或者其他单位控制之下，脱离本单位的控制，即成立挪用公款罪。至于是否实际投入使用，并不影响挪用公款罪的成立。因为，只要将公款挪出去了，就侵犯了刑法所保护的单位对公款的占有、使用、收益的权利。

相关法条

《最高人民法院关于印发〈全国法院审理经济犯罪案件工作座谈会纪要〉的通知》（法发〔2003〕167 号）

四、关于挪用公款罪

（七）挪用公款后尚未投入实际使用的行为性质的认定

挪用公款后尚未投入实际使用的，只要同时具备"数额较大"和"超过三个月未还"的构成要件，应当认定为挪用公款罪，但可以酌情从轻处罚。

《最高人民法院关于审理挪用公款案件具体应用法律若干问题的解释》（法释〔1998〕9号）

第二条 对挪用公款罪，应区分三种不同情况予以认定：

（一）挪用公款归个人使用，数额较大、超过三个月未还的，构成挪用公款罪。

挪用正在生息或者需要支付利息的公款归个人使用，数额较大，超过三个月但在案发前全部归还本金的，可以从轻处罚或者免除处罚。给国家、集体造成的利息损失应予追缴。挪用公款数额巨大，超过三个月，案发前全部归还的，可以酌情从轻处罚。

（二）挪用公款数额较大，归个人进行营利活动的，构成挪用公款罪，不受挪用时间和是否归还的限制。在案发前部分或者全部归还本息的，可以从轻处罚；情节轻微的，可以免除处罚。

挪用公款存入银行、用于集资、购买股票、国债等，属于挪用公款进行营利活动。所获取的利息、收益等违法所行，应当追缴，但不计入挪用公款的数额。

（三）挪用公款归还个人使用，进行赌博、走私等非法活动的，构成挪用公款罪，不受"数额较大"和挪用时间的限制。

挪用公款给他人使用，不知道使用人用公款进行营利活动或者用于非法活动，数额较大、超过三个月未还的，构成挪用公款罪；明知使用人用于营利活动或者非法活动的，应当认定为挪用人挪用公款进行营利活动或者非法活动。

四、把钱借给其他兄弟单位，自己没有用

魏光正担任某单位领导期间，系统内的兄弟单位急需更换一批设备，银行贷款手续繁琐一时办不下来，就向老朋友魏光正提出借用50万元，贷款下来就还上。魏光正大笔一挥，指示财务人员转了50万元。

【分析】实践中，挪用公款自己使用或者给其他个人使用，都属于刑法规定的"归个人使用"，数额较大，构成挪用公款罪。在挪用公款给其他单位使用的情况下，如何界定是否属于"归个人使用"，

首先要看是以个人名义还是以单位名义出借，还要看是否为谋取个人利益。

相关法条

《全国人民代表大会常务委员会关于〈中华人民共和国刑法〉第三百八十四条第一款的解释》（2002 年 4 月 28 日第九届全国人民代表大会常务委员会第二十七次会议通过）

全国人民代表大会常务委员会讨论了刑法第三百八十四条第一款规定的国家工作人员利用职务上的便利，挪用公款"归个人使用"的含义问题，解释如下：

有下列情形之一的，属于挪用公款"归个人使用"：

（一）将公款供本人、亲友或者其他自然人使用的；

（二）以个人名义将公款供其他单位使用的；

（三）个人决定以单位名义将公款供其他单位使用，谋取个人利益的。

《最高人民法院关于印发〈全国法院审理经济犯罪案件工作座谈会纪要〉的通知》（法发〔2003〕167 号）

四、关于挪用公款罪

（一）单位决定将公款给个人使用行为的认定

经单位领导集体研究决定将公款给个人使用，或者单位负责人为了单位的利益，决定将公款给个人使用的，不以挪用公款罪定罪处罚。上述行为致使单位遭受重大损失，构成其他犯罪的，依照刑法的有关规定对责任人员定罪处罚。

（二）挪用公款供其他单位使用行为的认定

根据全国人大常委会《关于〈中华人民共和国刑法〉第三百八十四条第一款的解释》的规定，"以个人名义将公款供其他单位使用的"、"个人决定以单位名义将公款供其他单位使用，谋取个人利益的"，属于挪用公款"归个人使用"。在司法实践中，对于将公款供其他单位使用的，认定是否属于"以个人名义"，不能只看形式，要从实质上把握。对于行为人逃避财务监管，或者与使用人约定以个人名义进行，或者借款、还款都以个人名义进行，将公款给其他单位使用的，应认定为"以个人名义"。"个人决定"既包括行为人在职权范围内决定，也包括超越职权范围决定。"谋取个人利益"，既包括行为人与使用人事先约定谋取个人利益实际尚未获取的情况，也包括虽未事先约定但实际已获取了个人利益的情况。其中的"个人利益"，既包括不正当利益，也包括正当利益；既包括财产性利益，也包括非财产性利益，但这种非财产性利益应当是具体的实际利益，如升学、就业等。

五、挪用了单位的钱，未被发现，做假账平账算什么

魏光正在担任某单位财务处长期间，挪用了3万元钱用于自己消费。过了一段时间见没有人发现，遂找了些发票将账目做平。

【分析】实践中，行为人在挪用公款后，经一段时间，可能会产生不想归还的念头，于是便会想办法将账目做平，这实际上就转化为贪污罪了。还有的情况下行为人因挪用公款后被发现而潜逃，或者被发现后有能力归还而拒不归还，并隐瞒公款去向，这些都构成贪污罪。也有行为人截取单位收入不入账，非法占有，使所占有的公款在账目上不能反映出来的，也构成贪污罪。

相关法条

《最高人民法院关于审理挪用公款案件具体应用法律若干问题的解释》（法释〔1998〕9号）

第五条　"挪用公款数额巨大不退还的"，是指挪用公款数额巨大，因客观原因在一审宣判前不能退还的。

第六条　携带挪用的公款潜逃的，依照刑法第三百八十二条、第三百八十三条的规定定罪处罚。

《最高人民法院关于印发〈全国法院审理经济犯罪案件工作座谈会纪要〉的通知》（法发〔2003〕167号）

四、关于挪用公款罪

（八）挪用公款转化为贪污的认定

挪用公款罪与贪污罪的主要区别在于行为人主观上是否具有非

法占有公款的目的。挪用公款是否转化为贪污，应当按照主客观相一致的原则，具体判断和认定行为人主观上是否具有非法占有公款的目的。在司法实践中，具有以下情形之一的，可以认定行为人具有非法占有公款的目的：

1. 根据《最高人民法院关于审理挪用公款案件具体应用法律若干问题的解释》第六条的规定，行为人"携带挪用的公款潜逃的"，对其携带挪用的公款部分，以贪污罪定罪处罚。

2. 行为人挪用公款后采取虚假发票平帐、销毁有关帐目等手段，使所挪用的公款已难以在单位财务帐目上反映出来，且没有归还行为的，应当以贪污罪定罪处罚。

3. 行为人截取单位收入不入帐，非法占有，使所占有的公款难以在单位财务帐目上反映出来，且没有归还行为的，应当以贪污罪定罪处罚。

4. 有证据证明行为人有能力归还所挪用的公款而拒不归还，并隐瞒挪用的公款去向的，应当以贪污罪定罪处罚。

第六章
CHAPTER 06 | 错误履职的警示

一、既受贿，又渎职，按什么处理

案例（最高人民法院［2011］刑二复 35121506 号刑事裁定书）

2003 年至 2008 年，被告人许某永为使其隐名持股 40% 的杭州伟量机电五金置业有限公司（以下简称"杭州伟量公司"）低价获取土地，利用其担任西湖区区长、区委书记的职权，亲自或安排区政府向杭州市政府提出杭州伟量公司市场项目用地继续享受土地出让金返还政策，及土地出让金增加部分专项用于该市场的基础设施和配套建设的申请。2005 年 12 月，杭州市政府下发府办简复第 B20050155 号简复单，同意将该项目二期用地的土地出让金全额返还西湖区，由西湖区政府负责，商香港伟量公司将土地出让金增加部分专门用于杭州伟量市场的基础设施和配套建设。2007 年 9 月，杭州市政府召开协调会，形成杭府纪要［2007］189 号会议纪要，同意将该项目 A2 北地块的土地出让金在扣除相关费用后全额核拨给西湖区政府。杭州市政府的上述简复单及会议纪要下发后，许某永明知国务院办公厅等部门关于严禁以各种名义减免土地出让金的规定，故意曲解简复单和会议纪要的含义，指使西湖区有关部门和人员将土地出让金共计人民币 7170.47 万余元违规返还杭州伟量公司。

2009 年 3 月，西湖区政府在国家审计署审计前自查自纠时发现上述违规返还土地出让金问题，杭州市时任副市长的被告人许某永指示西湖区政府应付好审计并避免给杭州伟量公司造成损失。为应付审计，西湖区政府提出由杭州伟量公司先将 7170 万余元退回，审计之后再返还。许某永同意，同时要求三墩镇集镇建设总指挥部与杭州伟量公司签订了内容为该指挥部出资 7500 万元向杭州伟量公司购买车位的虚假协议，以期保障杭州伟量公司在审计后能继续获得相应利益。之后，杭州伟量公司将 7170 万余元退还西湖区财政局。

法院认为，许某永身为国家机关工作人员，为徇私利，不正确履行职权，违规将土地出让金返还企业，造成了恶劣的社会影响，给国家利益造成重大损失，其行为构成滥用职权罪。许某永受贿数额特别巨大，且具有索贿情节，情节特别严重，社会危害性极大，应依法惩处，并与其所犯贪污罪、滥用职权罪数罪并罚。

核准（浙江省高级人民法院［2011］浙刑二终字第 66 号）维持第一审对被告人许某永以受贿罪判处死刑，剥夺政治权利终身，并处没收个人全部财产；以贪污罪判处死刑缓期二年执行，剥夺政治权利终身，并处没收个人全部财产；以滥用职权罪判处有期徒刑 10 年，决定执行死刑，剥夺政治权利终身，并处没收个人全部财产的刑事裁定。

【分析】许多人错误地认为，渎职虽然不对，但不至于达到犯罪的程度。事实上，渎职行为是极有可能构成犯罪的。渎职罪往往和受贿罪联结在一起，行为人常常是受贿后实施了渎职行为。根据相关司法解释，既构成了受贿罪也构成了相应的渎职罪的，应当数罪并罚。《刑法》仅在第 399 条规定了对司法工作人员收受贿赂构成受贿罪，同时构成徇私枉法罪，民事、行政枉法裁判罪，执行判决、裁定失职罪和执行判决、裁定滥用职权罪，依照处罚较重的规定定罪处罚，也就是择一重处罚。

相关法条

《刑法》

第三百九十七条　【滥用职权罪】【玩忽职守罪】国家机关工作人员滥用职权或者玩忽职守，致使公共财产、国家和人民利益遭受重大损失的，处三年以下有期徒刑或者拘役；情节特别严重的，处三年以上七年以下有期徒刑。本法另有规定的，依照规定。

国家机关工作人员徇私舞弊，犯前款罪的，处五年以下有期徒刑或者拘役；情节特别严重的，处五年以上十年以下有期徒刑。本法另有规定的，依照规定。

最高人民法院 最高人民检察院《关于办理渎职刑事案件适用法律若干问题的解释（一）》（法释〔2012〕18 号）

第一条 国家机关工作人员滥用职权或者玩忽职守，具有下列情形之一的，应当认定为刑法第三百九十七条规定的"致使公共财产、国家和人民利益遭受重大损失"：

（一）造成死亡 1 人以上，或者重伤 3 人以上，或者轻伤 9 人以上，或者重伤 2 人、轻伤 3 人以上，或者重伤 1 人、轻伤 6 人以上的；

（二）造成经济损失 30 万元以上的；

（三）造成恶劣社会影响的；

（四）其他致使公共财产、国家和人民利益遭受重大损失的情形。

具有下列情形之一的，应当认定为刑法第三百九十七条规定的"情节特别严重"：

（一）造成伤亡达到前款第（一）项规定人数 3 倍以上的；

（二）造成经济损失 150 万元以上的；

（三）造成前款规定的损失后果，不报、迟报、谎报或者授意、指使、强令他人不报、迟报、谎报事故情况，致使损失后果持续、扩大或者抢救工作延误的；

（四）造成特别恶劣社会影响的；

（五）其他特别严重的情节。

第三条 国家机关工作人员实施渎职犯罪并收受贿赂，同时构成受贿罪的，除刑法另有规定外，以渎职犯罪和受贿罪数罪并罚。

二、行政执法，以罚代刑后果严重

案例（河南省郑州市管城回族区人民法院［2014］管刑初字第 450 号刑事判决书）

经审理查明：被告人时某某、陈某某分别于 2002 年 12 月、2006 年 5 月到郑州市管城回族区国土资源局工作，2011 年到该局监察大队南曹中队，后分别担任中队长和副中队长职务，其主要职责是负责南曹乡辖区范围内的土地执法监察工作，组织实施动态巡查（每周不少于 1 次），及时发现和制止土地违法行为，负责国土资源违法案件的查处，承办向有关部门移送涉嫌土地犯罪的案件等职责。

2012 年 9 月，由郑州市管城回族区国土资源局工作人员裴某某（另案处理）牵线，朱某某等七人与郑州市南曹乡小湖村棘针林村组长李某某（另案处理）口头签订该村村西、铁路北的租地协议建设仓库，并分别于 2012 年 11 月、2013 年 2 月支付租金、附属物补偿款等共计 236 万元。裴某某与朱某某等人亦签订协议，协议规定：裴某某负责协调各部门关系，朱某某等人负责投资建设并每年给其 30 万元好处费。2012 年 9 月 8 日，朱某某给裴某某的中国建设银行卡上汇款 30 万元。2013 年 3 月，朱某某等人开始投资建设仓库。

2013 年 3 月 29 日，时某某、陈某某巡逻至上述地点时，发现该宗违法占地属于基本农田且地面已经硬化，遂进行现场拍照，后在工棚上张贴《责令停止国土资源违法行为通知书》。裴某某得知后，找到二人称其有股份，让照顾照顾，并多次请二人吃饭，后时某某、陈某某未再到该地巡查，直至同年 6 月份，郑州市国土资源局接电话举报后，二人再次到上述地点张贴《责令停止国土资源违法行为通知书》，未进行立案查处。

2014 年年初，裴某某给时某某送中华烟两条、红酒一箱、茶叶一盒。2014 年 3 月，为应付检查，时某某、陈某某与裴某某预谋后，由裴某某以朱某甲等 6 人的名义且每人不超过 5 亩对该宗违法占地制作虚假的占地宗地图，后通过 QQ 邮箱发至陈某某邮箱内。时某某、陈某某与沙某某制作了虚假的询问笔录，后时某某、陈某某又制作了虚假的立案呈批表、《责令停止国土资源违法行为通知书》等土地执法卷宗材料，以避免朱某某等 7 人违法占地人受到高额处罚和刑事责任追究。致使该处违章建造的仓库面积逐步扩大，造成 78 665.88 平方米基本农田被破坏。2014 年 4 月 10 日，原郑州市国土资源局副局长李某甲（另案处理）通知南曹乡乡政府称检察机关已经关注此处违法占地，让乡政府将违法建筑物全部拆除，次日，南曹乡乡政府对该地进行全部拆除。

经河南明泰会计师事务所鉴定：2012 年 9 月至 2014 年 4 月期间，朱某某等人在南曹乡棘针林村投资建仓库期间的费用支出合计为 9 774 139 元，成品仓库被拆除损失金额 4 500 000 元，以上费用支出及成品仓库被拆除损失金额共计 14 274 139 元；经郑州市管城回族区价格认证中心鉴定：郑州市南曹乡小湖村棘针林村西搅拌站东铁路北被非法占用基本农田及林地地面硬化拆除及垃圾清运费用共计人民币 2 470 608 元，土地复耕费共计人民币 353 996.46 元，以上合计鉴定标的价格为 2 824 604 元。

法院认为，被告人时某某、陈某某身为国家机关行政执法人员，在查处土地违法案件过程中徇私舞弊，对依法应当移交司法机关追究刑事责任的不移交，情节严重，其行为均已构成徇私舞弊不移交刑事案件罪。

【分析】行政机关担负执行法律、法规，管理国家、维护国家安全、秩序的法定职责，依法享有行政处罚权、行政裁决权。行政机关的执法行为直接关系到行政机关的形象、国家的形象，以及人民的利益。行政机关执法人员针对严重的违法行为，如果符合刑法的立案标准，应当根据刑法定罪量刑的，如果徇私舞弊，仅仅进行行政处罚而不移交司法机关，情节严重的构成徇私舞弊不移交刑事案件罪。上述案例中，时某某、陈某某身为国家土地部门的行政执法人员，在查处土地违法案件过程中徇私舞弊，对依法应当移交司法机关追究刑事责任的不移交，情节严重，其行为均已构成徇私舞弊不移交刑事案件罪，应受到相应的处罚。

相关法条

《刑法》

第四百零二条　【徇私舞弊不移交刑事案件罪】行政执法人员徇私舞弊，对依法应当移交司法机关追究刑事责任的不移交，情节严重的，处三年以下有期徒刑或者拘役；造成严重后果的，处三年以上七年以下有期徒刑。

《最高人民检察院关于渎职侵权犯罪案件立案标准的规定》（高检发释字〔2006〕2号）

一、渎职犯罪案件

（十二）徇私舞弊不移交刑事案件案（第四百零二条）

徇私舞弊不移交刑事案件罪是指工商行政管理、税务、监察等行政执法人员，徇私舞弊，对依法应当移交司法机关追究刑事责任的案件不移交，情节严重的行为。

涉嫌下列情形之一的，应予立案：

1、对依法可能判处3年以上有期徒刑、无期徒刑、死刑的犯罪案件不移交的；

2、不移交刑事案件涉及3人次以上的；

3、司法机关提出意见后，无正当理由仍然不予移交的；

4、以罚代刑，放纵犯罪嫌疑人，致使犯罪嫌疑人继续进行违法犯罪活动的；

5、行政执法部门主管领导阻止移交的；

6、隐瞒、毁灭证据，伪造材料，改变刑事案件性质的；

7、直接负责的主管人员和其他直接责任人员为牟取本单位私利而不移交刑事案件，情节严重的；

8、其他情节严重的情形。

三、把不该说的国家秘密告诉他人，是什么后果

案例（广西壮族自治区金城江区人民法院〔2010〕金刑初字第170号刑事判决、广西壮族自治区河池市中级人民法院〔2011〕河市刑二终字第1号刑事判决书）

被告人覃某展系河池市高级中学教师，2009年12月，覃某展经与陈某（另案处理）密谋后，决定在2010年广西壮族自治区公务员录用考试前，将考试题目和答案卖给前来求覃某展帮忙的考生获利。

2010年1月15日17时许，被告人覃某展接到陈某已经弄到2010年度广西壮族自治区公务员录用考试《行政职业能力测验》答案和《申论》题目的电话通知……

被告人覃某展收到传真后，即将《行政职业能力测验》答案、《申论》题目和其上网下载与《申论》题目相关的考试资料各打印三份。当晚 8 时许，被告人覃某展驾车到河池市民族医院至联通公司一带的路边，将《行政职业能力测验》答案、《申论》题目和《申论》题目相关的考试资料各一份交给覃某某。尔后，再将与《申论》题目相关的考试资料用 QQ 邮箱发送给考点在南宁的考生王某、韦某甲、韦某乙和李某某。上述几名考生除韦某甲、宁某某由陈某找人代考外，其余考生均于次日参加了公务员考试。经广西壮族自治区国家保密局鉴定，广西壮族自治区 2010 年度公务员录用考试《申论》题目、《行政职业能力测验》答案，以及评分标准属机密级国家秘密。

法院认定，被告人覃某展为了私利，伙同陈某违反保守国家秘密法的规定，故意将广西壮族自治区公务员录用考试《行政职业能力测验》答案和《申论》题目泄露给他人，情节严重，其行为已触犯刑律，构成故意泄露国家秘密罪。

【分析】国家秘密是指关系国家的安全和利益，依照法定程序确定的，在一定时间内只限定一定范围的保密人员知悉的事项。包括：（1）国家事务的重大决策事项；（2）防建设和武装力量活动中的秘密事项；（3）外交或外交活动中的秘密事项以及对外承担保密义务的事项；（4）国民经济和社会发展中的秘密事项；（5）科学技术中的秘密事项；（6）维护国家安全活动和追查刑事犯罪中的秘密事项；（7）其他经国家保密工作部门确定应当保守的国家秘密事项。公务员考试试题属于国家秘密，根据刑法规定，故意泄露国家秘密罪和过失泄露国家秘密罪的行为人包括国家机关工作人员和非国家机关工作人员。以上案例中，覃某展为了私利，伙同陈某违反《保守国家秘密法》的规定，故意将公务员录用考试题目泄露给他人，情节严重，其行为已触犯刑律，构成故意泄露国家秘密罪。

相关法条

《刑法》

第三百九十八条 【故意泄露国家秘密罪】【过失泄露国家秘

密罪】国家机关工作人员违反保守国家秘密法的规定，故意或者过失泄露国家秘密，情节严重的，处三年以下有期徒刑或者拘役；情节特别严重的，处三年以上七年以下有期徒刑。

非国家机关工作人员犯前款罪的，依照前款的规定酌情处罚。

《最高人民检察院关于渎职侵权犯罪案件立案标准的规定》（高检发释字〔2006〕2号）

一、渎职犯罪案件

（三）故意泄露国家秘密案（第三百九十八条）

故意泄露国家秘密罪是指国家机关工作人员或者非国家机关工作人员违反保守国家秘密法，故意使国家秘密被不应知悉者知悉，或者故意使国家秘密超出了限定的接触范围，情节严重的行为。

涉嫌下列情形之一的，应予立案：

1、泄露绝密级国家秘密1项（件）以上的；

2、泄露机密级国家秘密2项（件）以上的；

3、泄露秘密级国家秘密3项（件）以上的；

4、向非境外机构、组织、人员泄露国家秘密，造成或者可能造成危害社会稳定、经济发展、国防安全或者其他严重危害后果的；

5、通过口头、书面或者网络等方式向公众散布、传播国家秘密的；

6、利用职权指使或者强迫他人违反国家保守秘密法的规定泄露国家秘密的；

7、以牟取私利为目的泄露国家秘密的；

8、其他情节严重的情形。

（四）过失泄露国家秘密案（第三百九十八条）

过失泄露国家秘密罪是指国家机关工作人员或者非国家机关工作人员违反保守国家秘密法，过失泄露国家秘密，或者遗失国家秘密载体，致使国家秘密被不应知悉者知悉或者超出了限定的接触范围，情节严重的行为。

涉嫌下列情形之一的，应予立案：

1、泄露绝密级国家秘密1项（件）以上的；

2、泄露机密级国家秘密3项（件）以上的；

3、泄露秘密级国家秘密 4 项（件）以上的；

4、违反保密规定，将涉及国家秘密的计算机或者计算机信息系统与互联网相连接，泄露国家秘密的；

5、泄露国家秘密或者遗失国家秘密载体，隐瞒不报、不如实提供有关情况或者不采取补救措施的；

6、其他情节严重的情形。

四、税务人员少征点税，没啥大不了的

案例（北京市第一中级人民法院［2017］京 01 刑初 105 号刑事判决书）

2013 年 6 月至 2014 年 12 月期间，被告人杨某作为第二税务所的工作人员，在审核北京市海淀区魏公村 8 号院×号楼×层 404 号、北京市海淀区蓝靛厂晨月园×号楼×层 1001 号、北京市海淀区西直门北大街甲×号楼×层 18-A 号、北京市海淀区高梁桥斜街 59 号院×号楼×层×单元 102 号等 25 套房屋交易缴税过程中，明知相关缴税材料虚假，仍徇私舞弊通过审核，不征、少征应征税款共计 13 651 671.95 元，案发前，杨某已补缴部分税款及滞纳金共计 4 818 721.3 元，其中，补缴税款共计 3 875 694.3 元，补缴滞纳金共计 943 027 元。

法院认为，被告人杨某作为税务机关的工作人员徇私舞弊，不征、少征应征税款，其行为已构成徇私舞弊不征、少征税款罪；北京市人民检察院第一分院指控被告人杨某徇私舞弊不征、少征税款罪，巨额财产来源不明罪的事实清楚，证据确实、充分，指控罪名成立。

【分析】税收是国家财政收入的主要来源。依法保障国家的税收，对于增加国家的综合国力，加快现代化建设具有重要的意义。不仅纳税义务人和纳税单位应当按照税法履行税收的义务，税收机关也应当严格执行税收管理法，认真履行征税的法定义务。违反这些法定义务，对应征的税款不予征收，或者低于应征的税款额征收，就会给国家税收造成直接损失。上述案例中，杨某作为税务机关的工作人员，不征、少征应征税款，其行为已构成徇私舞弊不征、少

征税款罪。

相关法条

《刑法》

第四百零四条 【徇私舞弊不征、少征税款罪】税务机关的工作人员徇私舞弊，不征或者少征应征税款，致使国家税收遭受重大损失的，处五年以下有期徒刑或者拘役；造成特别重大损失的，处五年以上有期徒刑。

《最高人民检察院关于渎职侵权犯罪案件立案标准的规定》（高检发释字〔2006〕2号）

一、渎职犯罪案件

（十四）徇私舞弊不征、少征税款案（第四百零四条）

徇私舞弊不征、少征税款罪是指税务机关工作人员徇私舞弊，不征、少征应征税款，致使国家税收遭受重大损失的行为。

涉嫌下列情形之一的，应予立案：

1、徇私舞弊不征、少征应征税款，致使国家税收损失累计达10万元以上的；

2、上级主管部门工作人员指使税务机关工作人员徇私舞弊不征、少征应征税款，致使国家税收损失累计达10万元以上的；

3、徇私舞弊不征、少征应征税款不满10万元，但具有索取或者收受贿赂或者其他恶劣情节的；

4、其他致使国家税收遭受重大损失的情形。

五、为了税收，牺牲环境，情有可原

案例（四川省汉源县人民法院〔2013〕汉刑初字第94号刑事判决书）

经审理查明：2007年9月21日至2011年6月13日，被告人冉某武任原汉源县环境保护局环境监察大队长；2011年6月13日起任原汉源县环境保护局副局长、环境监察大队长，负责环境统计和工业环境日常监管，排污费征收（稽查）、环境安全管理和隐患排查、

清理（查处）违法排污行为专项行动工作，参与案审委员会的日常工作等，负责环境监察大队工作。2012 年 11 月 6 日起分管环境监察、环境统计、总量减排等工作。

2010 年至 2012 年 8 月，被告人冉某武在担任原汉源县环境保护局环境监察大队大队长、副局长职务期间，不认真履职尽责，在日常工业环境监管中未及时发现广超公司将烧结机改变为国家明令淘汰的烧结炉（烧结床）；在广超公司建设项目竣工环境保护验收过程中，工作严重不负责任，违反环境监管职责通过其验收，致使该公司在将生产工艺改变为国家明令淘汰的烧结炉、无危险废物经营许可证、含铅烟尘严重散排的情况下，在较长时期内违反环境保护法律、法规生产经营，造成严重环境污染，导致万里工业园区 241 名群众血铅超标，其中 59 名群众中毒，血铅超标人员检验、治疗、营养干预等费用共 419 262.16 元。专家组意见认为：在此次万里工业园区血铅超标事件中，广超公司对该地环境铅污染负有主要责任。2013 年 12 月 6 日云南德胜司法鉴定中心作出司法鉴定：广超公司在汉源县万里工业园区血铅异常事件环境污染损害中应承担主要责任。

法院认为：被告人冉某武作为原汉源县环境保护局副局长、环境监察大队大队长系负有环境保护监督管理职责的国家工作人员，不认真履职尽责，在日常工业环境监管中未及时发现广超公司将烧结机改变为国家明令淘汰的烧结炉，在广超公司建设项目竣工环境保护验收过程中，工作严重不负责任，违反环境监管职责通过其验收，致使该公司在将生产工艺改变为国家明令淘汰的烧结炉、无危险废物经营许可证、含铅烟尘严重散排的情况下，在较长时期内违反环境保护法律、法规生产经营，导致发生重大环境污染事故，致使公私财产遭受重大损失，其行为还构成环境监管失职罪，依法应数罪并罚，决定执行刑罚。公诉机关指控被告人冉某武犯受贿罪、环境监管失职罪，其罪名成立，指控证据确实、充分，法院依法予以支持。

【分析】生态环境不仅关系着人们的日常生活，更关系着社会和经济的可持续发展。这些年，国家对环保的重视程度不断加大，对一些破坏和影响环境的行为进行了处理，但屡查屡犯、屡禁不止的现象仍较为突出。个中缘由，除部分企业担心增加成本而不愿对环保作投入等因素外，关键还在于：一是某些地方政府为"发展本土经济"，在产业选择方面"病急乱投医"，为能给本级财税增加收入而盲目地引进外地被淘汰的带污染的项目。二是个别地方政府没有着眼于长远目标，追求短期效益，对境内环境违法企业和违法现象迁就纵容，有的甚至充当环境违法者的"保护伞"，于是个别企业依靠着地方政权保护，便更加不重视环保问题。三是个别地方环保部门执法不严，对污染现象放任自流。环保部门负责人因在环境监管工作中的失职行为而被判刑，为那些为本土利益纵容污染行为的党政领导，和在环保执法中严重失职渎职的环保部门敲响了警钟——谁在环保问题上出了问题，同样会被推向审判台，任何藐视行业法规的行为都将付出相应代价。

上述案例中，被告人冉某武作为原汉源县环境保护局副局长、环境监察大队大队长系负有环境保护监督管理职责的国家工作人员，不认真履职尽责，在较长时期内违反环境保护法律、法规生产经营，导致发生重大环境污染事故，致使公私财产遭受重大损失，其行为还构成环境监管失职罪。

相关法条

《刑法》

第四百零八条 【环境监管失职罪】负有环境保护监督管理职责的国家机关工作人员严重不负责任，导致发生重大环境污染事故，致使公私财产遭受重大损失或者造成人身伤亡的严重后果的，处三年以下有期徒刑或者拘役。

《最高人民检察院关于人民检察院直接受理立案侦查案件立案标准的规定（试行）》（高检发研字〔1999〕10号）

二、渎职犯罪案件

（十七）环境监管失职案（第408条）

环境监管失职罪是指负有环境保护监督管理职责的国家机关工作人员严重不负责任，不履行或不认真履行环境保护监管职责导致发生重大环境污染事故，致使公私财产遭受重大损失或者造成人身伤亡的严重后果的行为。

涉嫌下列情形之一的，应予立案：

1、造成直接经济损失 30 万元以上的；

2、造成人员死亡 1 人以上，或者重伤 3 人以上，或者轻伤 10 人以上的；

3、使一定区域内的居民的身心健康受到严重危害的；

4、其他致使公私财产遭受重大损失或者造成人身伤亡严重后果的情形。

六、注册公司时的材料虽不真实，但我不知道它后来会犯罪

案例（江西省共青城市人民法院［2018］赣 0482 刑初 22 号刑事判决书）

经审理查明，2016 年 7 月份，被告人刘某兵在担任原共青城市市场和质量监督管理局行政许可服务科科长期间，发现共青城市金通企业服务有限公司法定代表人洪某在代办公司登记过程中提交的申请材料存在地址重复、签名雷同等问题，后洪某明确告知刘某兵其提供的申请材料除身份证外其余均系伪造。在洪某许诺每办理成功一家公司营业执照给予刘某兵 500 元好处费的情况下，刘某兵予以审批通过。截至 2017 年 1 月份止，刘某兵共收受洪某给予的好处费共计人民币 25 000 元，后洪某使用虚假材料注册成功的公司被用于虚开普通发票。

法院认为，被告人刘某兵作为主管公司设立的国家机关工作人员，徇私舞弊，滥用职权，对不符合法律规定条件的公司设立申请予以批准，致使公共财产和国家利益遭受重大损失，其行为已构成滥用管理公司职权罪。

【分析】行为人对不符合法律规定条件的公司设立、登记申请或者股票、债券发行、上市申请，予以批准或者登记的行为，必须因此行为致使公共财产、国家和人民利益遭受重大损失。否则，即便实施了对不符合法律规定条件的公司设立、登记申请或者股票、债券发行、上市申请予以批准或者登记的行为，但如没有造成公共财

产、国家和人民利益的损失，或者虽有损失但不是重大损失，亦不能构成本罪。是否造成公共财产、国家和人民利益重大损失，是本罪成立与否的一个重要界限。所谓重大损失，主要是指造成巨大直接经济损失的；造成恶劣的政治影响的等情况。上述案例，被告人刘某兵作为主管公司设立的国家机关工作人员，对不符合法律规定条件的公司设立申请予以批准，致使洪某使用虚假材料注册成功的公司被用于虚开普通发票，公共财产和国家利益遭受重大损失，其行为已构成滥用管理公司职权罪。

相关法条

《刑法》

第四百零三条 【滥用管理公司、证券职权罪】国家有关主管部门的国家机关工作人员，徇私舞弊，滥用职权，对不符合法律规定条件的公司设立、登记申请或者股票、债券发行、上市申请，予以批准或者登记，致使公共财产、国家和人民利益遭受重大损失的，处五年以下有期徒刑或者拘役。

上级部门强令登记机关及其工作人员实施前款行为的，对其直接负责的主管人员，依照前款的规定处罚。

《最高人民检察院关于渎职侵权犯罪案件立案标准的规定》（高检发释字〔2006〕2号）

一、渎职犯罪案件

（十三）滥用管理公司、证券职权案（第四百零三条）

滥用管理公司、证券职权罪是指工商行政管理、证券管理等国家有关主管部门的工作人员徇私舞弊，滥用职权，对不符合法律规定条件的公司设立、登记申请或者股票、债券发行、上市申请予以批准或者登记，致使公共财产、国家和人民利益遭受重大损失的行为，以及上级部门、当地政府强令登记机关及其工作人员实施上述行为的行为。

涉嫌下列情形之一的，应予立案：

1、造成直接经济损失50万元以上的；

2、工商行政管理部门的工作人员对不符合法律规定条件的公司设立、登记申请，违法予以批准、登记，严重扰乱市场秩序的；

3、金融证券管理机构的工作人员对不符合法律规定条件的股票、债券发行、上市申请，违法予以批准，严重损害公众利益，或者严重扰乱金融秩序的；

4、工商行政管理部门、金融证券管理机构的工作人员对不符合法律规定条件的公司设立、登记申请或者股票、债券发行、上市申请违法予以批准或者登记，致使犯罪行为得逞的；

5、上级部门、当地政府直接负责的主管人员强令登记机关及其工作人员，对不符合法律规定条件的公司设立、登记申请或者股票、债券发行、上市申请予以批准或者登记，致使公共财产、国家或者人民利益遭受重大损失的；

6、其他致使公共财产、国家和人民利益遭受重大损失的情形。

<table>
<tr><td>第七章
CHAPTER 07</td><td>行贿罪专业解读</td></tr>
</table>

一、行贿罪

1. 行贿罪的定义

【法条原文】

《刑法》

第三百八十九条　【行贿罪】为谋取不正当利益，给予国家工作人员以财物的，是行贿罪。

在经济往来中，违反国家规定，给予国家工作人员以财物，数额较大的，或者违反国家规定，给予国家工作人员以各种名义的回扣、手续费的，以行贿论处。

因被勒索给予国家工作人员以财物，没有获得不正当利益的，不是行贿。

【解读】

从法条原文看，它包含三层意思：

第一款界定了什么是行贿罪，规定了行贿罪的概念，即为谋取不正当利益，给予国家工作人员以财物的，是行贿罪。这里所规定的"谋取不正当利益"，既包括谋取的利益是违反法律、法规及政策规定的，也包括违反有关规章制度的情况。我们可以反向理解，如果行为人谋取的利益是正当的，迫于某种压力或屈于惯例不得已而为之的，则不构成本款所说的行贿罪。

【何为"不正当利益"】关于"谋取不正当利益"，2012 年《最高人民法院、最高人民检察院关于办理行贿刑事案件具体应用法律若干问题的解释》（法释〔2012〕22 号）规定，"谋取不正当利益"，是指行贿人谋取的利益违反法律、法规、规章、政策规定，或者要求国家工作人员违反法律、法规、规章、政策、行业规范的规定，为自己提供帮助或者方便条件。同时规定，违背公平、公正原则，在经济、组织人事管理等活动中，谋取竞争优势的，应当认定为"谋取不正当利益"。

【财物】《最高人民法院、最高人民检察院关于办理贪污贿赂刑事案件适用法律若干问题的解释》（法释〔2016〕9 号）第 12 条规定，贿赂犯罪中的"财物"，包括货币、物品和财产性利益。财产性利益包括可以折算为货币的物质利益如房屋装修、债务免除等，以及需要支付货币的其他利益如会员服务、旅游等。后者的犯罪数额，以实际支付或者应当支付的数额计算。

第二款是关于在经济往来中违反国家规定，给予国家工作人员以财物或者回扣、手续费，视同行贿、以行贿论处。这里所规定的"违反国家规定"，是指违反全国人大及其常委会制定的法律和决定，国务院制定的行政法规和行政措施、发布的决定和命令。"给予国家工作人员以各种名义的回扣、手续费的"，是指违反国家规定，在账外暗中给予回扣、手续费的行为。根据本款规定，对上述行为视同行贿，应以行贿论处，即应当按照行贿罪追究行为人的刑事责任。

第三款是排除性规定，因被勒索给予国家工作人员以财物，但并没有获得不正当利益的，不构成行贿的规定。

这里所规定的"被勒索"，是指被索要，被索要人没有行贿意图，在另一方以威胁、要挟的方式索要财物后，为避免伤害或不利影响而交付财物，在此种情况下因被索要而给付完全没有自愿性。"被勒索"和受贿罪中的"索贿"属于一一对应关系，只要受贿人的行为属于索贿，那么"行贿人"就属于"被勒索"，亦即"索要即索贿"。行贿罪中的"勒索"就是指受贿罪中的索取，不应当在索取的基础上另外附加其他条件。〔1〕

构成勒索，要求索要人拥有管理被索要人谋取利益事项的职责，

---

〔1〕 参见张明楷：《刑法学》，法律出版社 2016 年版，第 1231 页。

被索要人如果不从，所谋取的利益就可能无法实现，因此不得已而满足索要人的要求。构成勒索必须满足以下条件：第一，国家工作人员掌握明确、现实、即时的足以给管理对象正当利益带来损害的事由。第二，该事由足以对管理对象产生心理上的强制，即一旦拒绝要求，正当利益会即刻遭受某种不利或侵害的压力。第三，管理对象基于这种心理上的感受和压力而被迫给付财物。[1]

在被勒索的情况下，"没有获得不正当利益"，是指行为人虽有给予国家工作人员以财物的行为，但最后没有获得该不正当利益，包括其获取的是合法利益，也包括根本未获得任何利益。在行贿罪中，如果行为人所谋取的利益是不正当的，即使是因索贿而被迫向国家工作人员行贿，也应视为具有行贿的故意。这时，如果行贿人没有实际获得不正当利益的，不以行贿论处；获得不正当利益的，构成行贿。[2]

2. 对行贿罪的处罚

【法条原文】

《刑法》

第三百九十条　【行贿罪的处罚规定】对犯行贿罪的，处五年以下有期徒刑或者拘役，并处罚金；因行贿谋取不正当利益，情节严重的，或者使国家利益遭受重大损失的，处五年以上十年以下有期徒刑，并处罚金；情节特别严重的，或者使国家利益遭受特别重大损失的，处十年以上有期徒刑或者无期徒刑，并处罚金或者没收财产。

行贿人在被追诉前主动交待行贿行为的，可以从轻或者减轻处罚。其中，犯罪较轻的，对侦破重大案件起关键作用的，或者有重大立功表现的，可以减轻或者免除处罚。

---

〔1〕　参见李站营："被索财未获得不正当利益的定性"，载《中国检察官》2016年第1期，第18页。

〔2〕　参见最高人民检察院公诉厅编、彭东主编：《公诉案件证据参考标准》，法律出版社2014年版，第652页。

【解读】

第一款规定了行贿罪的具体量刑标准，分三个量刑档次：（1）对犯一般行贿罪的，处 5 年以下有期徒刑或者拘役，并处罚金；（2）因行贿谋取不正当利益，情节严重的，或者使国家利益遭受重大损失的，处 5 年以上 10 年以下有期徒刑，并处罚金；（3）情节特别严重的，或者使国家利益遭受特别重大损失的，处 10 年以上有期徒刑或者无期徒刑，并处罚金或者没收财产。

列表如下：

行贿罪		
量刑情节		刑罚
行贿金额 3 万元以上，或者 1 万元以上不满 3 万元但具有特定情节	向 3 人以上行贿	5 年以下有期徒刑或者拘役，并处罚金
	将违法所得用于行贿	
	通过行贿谋取职务提拔、调整	
	向负有食品、药品、安全生产、环境保护等监督管理职责的国家工作人员行贿，实施非法活动	
	向司法工作人员行贿，影响司法公正	
	造成经济损失数额在 50 万元以上不满 100 万元	
100 万元以上不满 500 万元，或者 50 万元以上不满 100 万元但具有特定情形之一的	情节严重	5 年以上 10 年以下有期徒刑，并处罚金
造成经济损失数额在 100 万元以上不满 500 万元	"使国家利益遭受重大损失"	
500 万元以上，或者 250 万元以上不满 500 万元但具有特定情形之一的	情节特别严重	10 年以上有期徒刑或无期徒刑，并处罚金或没收财产
造成经济损失数额在 500 万元以上	"使国家利益造成特别重大损失"	

行贿罪	
量刑情节	刑罚
主动交代行贿行为	可以从轻或者减轻处罚
犯罪较轻，对侦破案件有关键作用	可以减轻或免除处罚
有重大立功表现	

【解读】如何界定"情节严重""情节特别严重"以及对"使国家利益遭受重大损失""使国家利益遭受特别重大损失"

2016 年 4 月 18 日发布的《最高人民法院、最高人民检察院关于办理贪污贿赂刑事案件适用法律若干问题的解释》（法释〔2016〕9号）对此作出了规定。其中第 7 条规定，为谋取不正当利益，向国家工作人员行贿，数额在 3 万元以上的，应当依照《刑法》第 390 条的规定以行贿罪追究刑事责任。行贿数额在 1 万元以上不满 3 万元，具有下列情形之一的，应当依照《刑法》第 390 条的规定以行贿罪追究刑事责任：（1）向 3 人以上行贿的；（2）将违法所得用于行贿的；（3）通过行贿谋取职务提拔、调整的；（4）向负有食品、药品、安全生产、环境保护等监督管理职责的国家工作人员行贿，实施非法活动的；（5）向司法工作人员行贿，影响司法公正的；（6）造成经济损失数额在 50 万元以上不满 100 万元的。第 8 条规定，犯行贿罪具有下列情形之一的，应当认定为《刑法》第 390 条第 1 款规定的"情节严重"：（1）行贿数额在 100 万元以上不满 500 万元的；（2）行贿数额在 50 万元以上不满 100 万元，并具有本解释第 7 条第 2 款第（1）项至第（5）项规定的情形之一的；（3）其他严重的情节。为谋取不正当利益，向国家工作人员行贿，造成经济损失数额在 100 万元以上不满 500 万元的，应当认定为《刑法》第 390 条第 1 款规定的"使国家利益遭受重大损失"。第 9 条规定，犯行贿罪具有下列情形之一的，应当认定为《刑法》第 390 条第 1 款规定的"情节特别严重"：（1）行贿数额在 500 万元以上的；（2）行贿数额在 250 万元以上不满 500 万元，并具有本解释第 7 条第 2 款第 1 项至第 5 项规定的情形之一的；（3）其他特别严重的情节。为谋取不正当利益，向国家工作人员行贿，造成经济损失数额在 500 万元以上的，应当认定为《刑法》第 390 条第 1 款规定的"使国家利益遭受特别重大损失"。

第二款是对行贿人主动交待行贿行为从宽处理的特别规定。

为了分化瓦解行贿受贿同盟，本款对行贿人主动交待行贿行为从宽处理的条件作了特别规定。由于行贿受贿隐蔽性很强，取证难度较大，行贿人主动交待行贿行为，实际上是对受贿人的揭发检举，属于立功表现。根据本款规定，只要行贿人在被追诉前主动交待行贿行为的，就可以从轻或者减轻处罚。这一规定与《刑法》第 68 条关于犯罪分子有揭发他人犯罪行为，查证属实的，或者提供重要线索，从而得以侦破其他案件等立功表现的，可以从轻或者减轻处罚的规定基本一致。[1]

这里所说的"被追诉前"，是指检察机关对行贿人的行贿行为刑事立案前。根据本款规定，可以对行贿人减轻或者免除处罚设置了限定条件。行贿人在被追诉前主动交待行贿行为，在此前提下，符合以下三个条件之一的，即可以对行贿人减轻或者免除处罚：（1）犯罪情节较轻的，如犯罪数额较少，行贿行为没有造成严重后果、偶犯、初犯等。（2）对侦破重大案件起关键作用的。实践中，揭发检举他人的犯罪行为或者提供重要线索，使得其他案件得以破获的才算立功。但根据行贿犯罪的特点，行贿人主动交待行贿，实际与立功的作用相近，所以，这里明确规定，只要是行贿人主动交待行贿行为，并且对侦破重大案件起关键作用的，就可以对行贿人减轻或者免除处罚。（3）有重大立功表现的。这里所说的"重大立功表现"，是指《刑法》第 78 条所列的重大立功表现之一，即阻止他人重大犯罪活动的；检举监狱内外重大犯罪活动，经查证属实的；有发明创造或者重大技术革新的；在日常生产、生活中舍己救人的；在抗御自然灾害或者排除重大事故中，有突出表现的；对国家和社会有其他重大贡献的。

---

〔1〕《刑法》第 68 条 【立功】犯罪分子有揭发他人犯罪行为，查证属实的，或者提供重要线索，从而得以侦破其他案件等立功表现的，可以从轻或者减轻处罚；有重大立功表现的，可以减轻或者免除处罚。

【犯罪较轻】【重大案件】【对侦破重大案件起关键作用】的认定

2016 年 4 月 18 日《最高人民法院、最高人民检察院关于办理贪污贿赂刑事案件适用法律若干问题的解释》（法释〔2016〕9 号）第 14 条规定："根据行贿犯罪的事实、情节，可能被判处三年有期徒刑以下刑罚的，可以认定为刑法第三百九十条第二款规定的'犯罪较轻'。根据犯罪的事实、情节，已经或者可能被判处十年有期徒刑以上刑罚的，或者案件在本省、自治区、直辖市或者全国范围内有较大影响的，可以认定为刑法第三百九十条第二款规定的'重大案件'。具有下列情形之一的，可以认定为刑法第三百九十条第二款规定的'对侦破重大案件起关键作用'：（一）主动交待办案机关未掌握的重大案件线索的；（二）主动交待的犯罪线索不属于重大案件的线索，但该线索对于重大案件侦破有重要作用的；（三）主动交待行贿事实，对于重大案件的证据收集有重要作用的；（四）主动交待行贿事实，对于重大案件的追逃、追赃有重要作用的。"

3.【拓展解读】刑法修正案对行贿罪修订演变历程[1]

2015 年 8 月 29 日第十二届全国人民代表大会常务委员会第十六次会议通过的《刑法修正案（九）》对本条作了修改：一是对行贿罪增加规定罚金刑；二是进一步严格对行贿罪从宽处罚的条件，将《刑法》第 390 条规定的"可以减轻或者免除"修改为：行贿人在被追诉前主动交待行贿行为的，可以从轻或者减轻处罚。其中，犯罪较轻的，对侦破重大案件起关键作用的，或者有重大立功表现的，可以减轻或者免除处罚。[2]

---

〔1〕 参见郎胜主编：《中华人民共和国刑法释义》（第 6 版·根据刑法修正案九最新修订），法律出版社 2015 年版。

〔2〕 根据 2015 年 8 月 29 日第十二届全国人民代表大会常务委员会第十六次会议通过的《中华人民共和国刑法修正案（九）》修改。原条文是："四十五、将刑法第三百九十条修改为：'对犯行贿罪的，处五年以下有期徒刑或者拘役，并处罚金；因行贿谋取不正当利益，情节严重的，或者使国家利益遭受重大损失的，处五年以上十年以下有期徒刑，并处罚金；情节特别严重的，或者使国家利益遭受特别重大损失的，处十年以上有期徒刑或者无期徒刑，并处罚金或者没收财产。''行贿人在被追诉前主动交待行贿行为的，可以从轻或者减轻处罚。其中，犯罪较轻的，对侦破重大案件起关键作用的，或者有重大立功表现的，可以减轻或者免除处罚。'"

1997 年修订的《刑法》第 390 条规定了对行贿犯罪的处罚，但在司法实践中遇到一些问题：一是行贿案件被追究刑事责任的犯罪人偏少。贿赂犯罪属对合犯，即有受贿犯罪必有行贿行为；但与受贿案件相比，行贿案件的刑事追诉数量较少；二是对行贿犯罪人员适用免予刑事处罚和缓刑的比例较高；三是对行贿犯罪人员适用重刑的比例很小。

综合各方的调研意见，主要有以下几种：

第一，对行贿的危害性缺乏深刻认识。社会公众往往只痛恨官员受贿，却忽视了行贿的危害，甚至认为行贿者本人也是受害者。实践中，一些办案机关也是把工作重点放在惩治受贿犯罪上，相对忽视了对行贿案件的追究，以致刑法规定的惩治行贿犯罪的手段没有用足，最终影响了对行贿犯罪的惩治力度。

第二，为重点惩治受贿，对行贿犯罪从宽处理。实践中，办案机关为了获取受贿案件的证据，往往重点从行贿者方面获取证词，为了突破案件，通常依据《刑法》第 390 条第 2 款关于"行贿人在被追诉前主动交代行贿行为的，可以减轻处罚或者免除处罚"的规定作出从轻处理的承诺，解除行贿人的后顾之忧，以得到受贿人犯罪的证据。很多行贿人因为主动揭发受贿犯罪，被免予刑事处罚或适用缓刑。这也在一定程度上影响了对行贿行为的惩处。

第三，行贿案件调查取证较为困难。行贿受贿通常是"一对一"进行，较为隐蔽，物证书证少，实践中，办案机关往往倚重口供等言辞证据。由于言辞证据具有易变、不稳定的特点，如果当事人的口供发生了变化，又没有其他证据予以证明，那就很难再追究其刑事责任。而行贿人流动性大，难以查找和控制，这也加大了行贿案件调查取证的难度。

第四，刑法规定行贿罪以"谋取不正当利益"为构成要件，在实践中如何认定尚存在不同认识，影响对行贿犯罪的惩处，因此需要统一认识。《刑法》第 389 条第 1 款规定："为谋取不正当利益，给予国家工作人员以财物的，是行贿罪。"这样规定，虽然充分考虑了实际情况，有利于缩小打击面，也有利于分化瓦解贿赂犯罪分子，重点惩治受贿犯罪活动。但是，对于"不正当利益"的含义、范围的讨论一直存在争议。实践中不断出现新的行贿方式，如没有明确请托事项的送礼、长期的"感情投资"等，因无法查证行贿人是否"为谋取不正当利益"而无法定罪处罚，影响了对行贿罪的定性和追究。

第五，刑法对行贿罪规定的财产刑需要进一步完善。《刑法》第390条只对犯行贿罪，"情节特别严重的"规定可以并处没收财产，对其他行贿犯罪，没有规定财产刑。针对司法实践中存在的上述问题，《刑法修正案（九）》对《刑法》第390条作出修改。考虑到实践中，行贿人行贿多是为了谋取经济上的好处，但在刑法对行贿罪的处罚中却缺乏经济方面的制裁，《刑法修正案（九）》完善了行贿犯罪财产刑的规定，增加了罚金刑，形成了对行贿犯罪惩处的综合手段，使犯罪分子在经济上得不到好处，从而剥夺其再犯罪的经济能力；从严掌握行贿罪的从宽处罚条件，将《刑法》第390条第2款关于行贿人在被追诉前主动交代行贿行为的，可以减轻处罚或者免除处罚的相关规定，修改为"行贿人在被追诉前主动交待行贿行为的，可以从轻或者减轻处罚。其中，犯罪较轻的，对侦破重大案件起关键作用的，或者有重大立功表现的，可以减轻或者免除处罚"，以纠正实践中出现的对行贿犯罪免于刑事处罚和缓刑比例过高等问题，切实加强了对行贿犯罪的惩治力度。

在《刑法修正案（九）》草案起草和征求意见的过程中，也有意见表示，本条对《刑法》第390条第2款规定的修改，会增加对受贿等职务犯罪的侦办难度，甚至会促使行贿人与受贿人达成攻守同盟，不利于惩治腐败犯罪。但经综合考虑采取了一个折中的方案，为减少和遏制行贿犯罪，推进惩治和预防腐败体系建设，有必要加大对行贿犯罪的惩处力度，解决司法实践中出现的对行贿犯罪失之于宽的情况；且本条第2款对行贿人从宽处理的规定与刑法总则关于自首、立功的规定相比，适用的条件宽，可以起到分化瓦解贿赂犯罪分子的作用。同时，办案机关应逐步提高侦破能力，以改变目前侦破受贿犯罪主要依靠行贿人揭发的侦破模式。根据《刑事诉讼法》第150条第2款的规定，检察机关对重大的贪污贿赂案件，可以根据侦查案件的实际需要，经过严格的批准手续，采取技术侦查措施，刑事诉讼法的这一规定，可在一定程度上改善侦破重大贿赂案件手段不足的问题。[1]

4.【拓展解读】未尽的争议

行贿犯罪败坏社会风气，侵蚀干部队伍，严重破坏市场经济秩序，妨碍公平竞争，加大对行贿犯罪的惩治力度，是加大惩治和预防腐败犯罪，维护广大人民群众切身利益的需要。党的十八大以来，党中央进一步加大反腐败力度，并对严惩行贿犯罪作出明确部署和要求，从源头上遏制和预防贿赂犯罪。

以最高人民法院、最高人民检察院为代表的司法实践部门，认为将受贿犯罪作为惩治贿赂犯罪的重点是必要的，单从防止滋生、助长腐败的角度考虑，也不能忽视对行贿犯罪的惩治。司法实践中一些地方存在对行贿犯罪处罚偏轻的情况，不利于惩治腐败犯罪。为此，司法机关的司法解释将"不正当利益"的范围不断扩大，以至立法时要求删除"不正当利益"的规定。

在受贿罪中，包括对有影响力的人行贿罪、对单位行贿罪、单位行贿罪都必须是以谋取"不正当利益为"前提，也就是行为人为谋取正当利益而给国家工作人员财物的，不算行贿。而司法机关认为"不正当利益"的含义、范围难以区分，改成只要是送钱、送财物就构成行贿罪，更便于认定。但全国人大法工委认为，在目前的国情下，还不宜删除"不正当利益"，因为目前我国的国家管理体系还未成熟，公职人员的素质还未完全达到理想的高度。人民群众办事难的状况还未得到有效改善。习近平总书记说："从执法监管部门和窗口单位、服务行业看，有的门难进、脸难看、事难办，口号响当当、服务冷冰冰、办事慢腾腾，尤其是普通群众办事难上加难；有的吃拿卡要、雁过拔毛，乱收费、乱罚款、乱摊派，甚至收回扣、拿红包；有的'懒政'现象突出，出工不出力，懒懒散散，不下基层，不联系群众，迟到早退现象严重；有的滥用职权，搞权力寻租、利益输送、借权营生；有的执法不公，搞选择性执法、随意性执法，

---

〔1〕　2018 年 12 月《刑事诉讼法》修改删除了此内容。

办关系案、人情案、金钱案；等等。"[1]习近平说："过去讲'有理走遍天下'，现在有理的也到处找人。这从另一角度说明，老百姓要办点事多么不易，不打点打点，不融通融通，不意思意思，就办不成事！这种事一定要扭转过来！……如果通过正常程序不能得到公平正义，群众对政法机关不托底，不信任，不放心，那光说加强法治观念也没有用。我们社会主义国家的政法机关，不能搞成旧社会"官府衙门八字开，有理无钱莫进来！"[2]站在人民群众的立场来看，如果正常程序能办得了事，谁还会去"行贿"呢？正是因为正当利益在正常程序下办不了事，办不成事才不得不去行贿。如果删除"不正当利益"的前提，是无视当前我国的现实国情。因此，司法机关在多次立法中要求删除"不正当利益"没有能通过。

但是，司法机关在司法解释中不断扩大"不正当利益"的范围。

(1)《最高人民法院、最高人民检察院关于在办理受贿犯罪大要案的同时要严肃查处严重行贿犯罪分子的通知》（高检会〔1999〕1号）

"谋取不正当利益"是指谋取违反法律、法规、国家政策和国务院各部门规章规定的利益，以及要求国家工作人员或者有关单位提供违反法律、法规、国家政策和国务院各部门规章规定的帮助或者方便条件。

(2)《最高人民法院、最高人民检察院关于印发〈关于办理商业贿赂刑事案件适用法 律若干问题的意见〉的通知》（法发〔2008〕33号）

"谋取不正当利益"，是指行贿人谋取违反法律、法规、规章或者政策规定的利益，或者要求对方违反法律、法规、规章、政策、行业规范的规定提供帮助或者方便条件。

在招标投标、政府采购等商业活动中，违背公平原则，给予相关人员财物以谋取竞争优势的，属于"谋取不正当利益"。

---

[1] 参见习近平总书记在党的群众路线教育实践活动第一批总结暨第二批部署会议上的讲话。

[2] 参见习近平总书记在中央政法工作会议上的讲话（2014年1月7日）。

(3)《最高人民法院、最高人民检察院关于办理行贿刑事案件具体应用法律若干问题的解释》(法释〔2012〕22号)

第十二条 行贿犯罪中的"谋取不正当利益",是指行贿人谋取的利益违反法律、法规、规章、政策规定,或者要求国家工作人员违反法律、法规、规章、政策、行业规范的规定,为自己提供帮助或者方便条件。

违背公平、公正原则,在经济、组织人事管理等活动中,谋取竞争优势的,应当认定为"谋取不正当利益"。

二、对有影响力的人行贿罪

【法条原文】

《刑法》

第三百九十条之一 【对有影响力的人行贿罪】为谋取不正当利益,向国家工作人员的近亲属或者其他与该国家工作人员关系密切的人,或者向离职的国家工作人员或者其近亲属以及其他与其关系密切的人行贿的,处三年以下有期徒刑或者拘役,并处罚金;情节严重的,或者使国家利益遭受重大损失的,处三年以上七年以下有期徒刑,并处罚金;情节特别严重的,或者使国家利益遭受特别重大损失的,处七年以上十年以下有期徒刑,并处罚金。

单位犯前款罪的,对单位判处罚金,并对其直接负责的主管人员和其他直接责任人员,处三年以下有期徒刑或者拘役,并处罚金。

【解读】

本条是关于向国家工作人员的近亲属、离职的国家工作人员及其关系密切的人行贿及相应处罚的规定。行贿的对象有五类:第一类是国家工作人员的近亲属;第二类是与该国家工作人员关系密切的人;第三类是离职的国家工作人员;第四类是离职的国家工作人员的近亲属;第五类是其他与离职的国家工作人员关系密切的人。

"近亲属",主要是指夫、妻、父、母、子、女、同胞兄弟姐妹、祖父母、外祖父母、孙子女、外孙子女。将向这五类人员行贿增加规定为犯罪，主要考虑到他们与国家工作人员有着血缘关系、亲属关系，虽然有的不是亲属关系，但彼此是同学、战友、老部下、老上级或是有着某种共同的利益关系，或是过从甚密，具有足够的影响力。所以，向上述人员行贿的行为应当受到刑事处罚。

"离职的国家工作人员"，是指曾经是国家工作人员，但目前的状态是已离开国家工作人员的岗位，包括离休、退休、辞职、辞退等情况。

"不正当利益"，同"行贿罪中的不正当利益"。

"情节严重""国家利益遭受重大损失""情节特别严重""使国家利益遭受特别重大损失"标准的界定，根据《最高人民法院、最高人民检察院关于办理贪污贿赂刑事案件适用法律若干问题的解释》（法释〔2016〕9号）第10条第2款规定："刑法第三百九十条之一规定的对有影响力的人行贿罪的定罪量刑适用标准，参照本解释关于行贿罪的规定执行。"规定参照行贿罪执行。

至于"关系密切的人"具体指哪些人，可由司法机关根据案件的具体情况确定，也可由司法机关依法作出司法解释。

第2款是关于单位向第1款所规定的人员行贿的犯罪及其处罚的规定。

"单位"包括任何形式的单位。根据本款规定，单位犯前款罪的，对单位判处罚金，并对其直接负责的主管人员和其他直接责任人员，处3年以下有期徒刑或者拘役，并处罚金。

需要注意的是，本条对有影响力的人行贿也应当适用于《刑法》第390条第2款："行贿人在被追诉前主动交待行贿行为的，可以从轻或者减轻处罚。其中，犯罪较轻的，对侦破重大案件起关键作用的，或者有重大立功表现的，可以减轻或者免除处罚。"

■【立案标准】

《最高人民法院、最高人民检察院关于办理贪污贿赂刑事案件适用法律若干问题的解释》（法释〔2016〕9号）第10条第2款、第3款规定："刑法第三百九十条之一规定的对有影响力的人行贿罪的定罪量刑适用标准，参照本解释关于行贿罪的规定执行。单位对有影响力的人行贿数额在二十万元以上的，应当依照刑法第三百九十条之一的规定以对有影响力的人行贿罪追究刑事责任。"

【拓展解读】《刑法修正案（九）》增加本罪的背景[1]

2009 年《刑法修正案（七）》根据全国人大代表和有关部门的意见，针对在我国司法实践中出现的新情况并结合《联合国反腐败公约》的要求，为加强党风廉政建设，严惩腐败行为，将影响力受贿行为规定为犯罪。在《刑法》第 388 条后增加了一条即第 388 条之一，将利用影响力受贿的行为规定为犯罪，而没有规定与其相对应的行贿罪。当时考虑到利用影响力受贿行为是一种新的犯罪，无论是司法机关还是社会公众，对这一犯罪需要有一个认识过程。实践中，司法机关对于利用影响力受贿罪所对应的行贿行为，是否要追究刑事责任以及如何追究刑事责任也有不同的认识，故当时未对这种犯罪所对应的行贿行为作出明确规定。

行贿犯罪既是一种腐败现象，也是违法犯罪行为，是产生受贿犯罪的直接根源，腐蚀性、危害性极大。打击行贿犯罪是国家法律赋予司法机关的重要职责，也是惩治腐败，维护社会主义市场经济秩序和国家机关正常活动、维护我国社会政治稳定的必然要求。党和政府一贯非常重视对国家工作人员的监督和对职务犯罪的打击和处罚。特别是十八大以来，以习近平为总书记的党中央，以刮骨疗毒、壮士断腕的勇气，不断加大反腐败力度，建设廉洁政治，巩固党的执政地位。按照党中央的指示精神，司法机关在严肃查处贪污贿赂犯罪的同时，也没有放松对行贿行为的查处和打击，查办了一批大肆拉拢、严重腐蚀国家工作人员的行贿犯罪案件，取得了良好的社会效果。但是，当前行贿犯罪现象在一些地方仍然相对严重，各地司法机关打击行贿犯罪的工作开展的也不平衡，有的行贿人没有受到应有的追究和惩处，有些地方对行贿犯罪的危害认识不足，存在有案不立、久侦不结、起诉率较低等问题，还有的以党纪政纪处理代替对行贿犯罪的刑事处罚，在一定程度上导致对行贿犯罪打

---

[1]　参见郎胜主编：《中华人民共和国刑法释义》（第 6 版·根据刑法修正案九最新修订），法律出版社 2015 年版。

击不力或者说"重打击受贿轻打击行贿"的现象。

近几年来，有些部门、人大代表和学者多次提出，有些个人和单位为谋取不正当利益，想方设法拉拢腐蚀在职或者离职的国家工作人员的近亲属或者与国家工作人员关系密切的人，通过国家工作人员的影响力达到自己的非法目的的情况较为严重，这种行为同样败坏党风、政风和社会风气，社会影响比较恶劣。由于刑法中对此行为没有规定为犯罪，所以实践中难以追究。建议将其规定为犯罪。

为全面落实党中央对反腐败工作的部署，严密惩治行贿犯罪的法网，从源头上遏制和预防贿赂犯罪，依法严肃惩处行贿犯罪，进一步加大对行贿犯罪分子的惩处力度，《刑法修正案（九）》增加了本条，即规定为利用国家工作人员的影响力谋取不正当利益，向在职或者离职的国家工作人员的近亲属及其关系密切的人行贿的犯罪和单位向上述人员行贿的犯罪。其主要理由有以下几点：第一，根据党的十八届三中全会加强反腐败工作，完善惩治腐败法律规定的要求。第二，与《联合国反腐败公约》相衔接。根据我国已加入和批准的《联合国反腐败公约》规定，各缔约国均应当考虑采取必要的立法和其他措施，将下列故意实施的行为规定为犯罪：直接或间接向公职人员或者其他任何人员许诺给予、提议给予或者实际给予任何不正当好处，以使其滥用本人的实际影响力或者被认为具有的影响力，为该行为的造意人或者其他任何人从缔约国的行政部门或者公共机关获得不正当好处。第三，行贿人和受贿人是对合犯罪的交易双方，由于《刑法》第388条之一规定了利用影响力受贿罪，所以本条相应增加了向特定关系人行贿犯罪。将利用影响力受贿的对应行贿行为规定为犯罪，符合我国的实际情况，对严厉惩处行贿行为，遏制贿赂行为的发生，具有重要意义。

三、对单位行贿罪

【法条原文】

《刑法》

第三百九十一条 【对单位行贿罪】为谋取不正当利益，给予国家机关、国有公司、企业、事业单位、人民团体以财物的，或者在经济往来中，违反国家规定，给予各种名义的回扣、手续费的，处三年以下有期徒刑或者拘役，并处罚金。

单位犯前款罪的，对单位判处罚金，并对其直接负责的主管人员和其他直接责任人员，依照前款的规定处罚。

【解读】本条是关于对单位行贿罪及其处罚的规定。

第 1 款是关于个人向单位行贿或给予回扣、手续费及其处罚的规定。行贿的对象仅限于国家机关、国有公司、企业、事业单位、人民团体。本款规定是行为犯，只要行为人实施了向单位行贿或给予回扣、手续费的行为，就构成本罪，处 3 年以下有期徒刑或者拘役，并处罚金。

第 2 款是关于单位行贿罪及其处罚的规定。单位包括任何所有制形式的单位。依照本款的规定，单位向国家机关、国有公司、企业、事业单位、人民团体行贿的，对单位判处罚金，并对其直接负责的主管人员和其他直接责任人员，依照前款的规定处 3 年以下有期徒刑或者拘役，并处罚金。需要注意的是，按照第 2 款"依照前款的规定处罚"的意思是，对单位犯罪的个人除判处自由刑外，还要并处罚金。

■ 【立案标准】 根据《最高人民检察院关于行贿罪立案标准的规定》（2000 年 12 月 22 日）第 2 条规定："对单位行贿案（刑法第三百九十一条）对单位行贿罪是指为谋取不正当利益，给予国家机关、国有公司、企业、事业单位、人民团体以财物，或者在经济往来中，违反国家规定，给予上述单位各种名义的回扣、手续费的行为。涉嫌下列情形之一的，应予立案：1. 个人行贿数额在十万元以上、单位行贿数额在二十万元以上的；2. 个人行贿数额不满十万元、单位行贿数额在十万元以上不满二十万元，但具有下列情形之一的：（1）为谋取非法利益而行贿的；（2）向三个以上单位行贿的；（3）向党政机关、司法机关、行政执法机关行贿的；（4）致使国家或者社会利益遭受重大损失的。"

四、介绍贿赂罪

【法条原文】

《刑法》

第三百九十二条 【介绍贿赂罪】向国家工作人员介绍贿赂，情节严重的，处三年以下有期徒刑或者拘役，并处罚金。

介绍贿赂人在被追诉前主动交待介绍贿赂行为的，可以减轻处罚或者免除处罚。

【解读】

第1款是关于介绍贿赂罪及其刑罚的规定。介绍贿赂罪是指在行贿人和受贿人之间进行联系、沟通、促使贿赂得以实现的犯罪行为。首先，行贿人主观上应当具有向国家工作人员介绍贿赂的故意。如果行为人主观上没有介绍贿赂的故意，即不知道请托人有给付国家工作人员财物的意图，而从中帮忙联系的，即使请托人事实上暗中给予了国家工作人员财物，该介绍人也不构成介绍贿赂罪。其次，行为人在客观上具有介绍行贿人与受贿人沟通关系，促使行贿实现的行为。构成介绍贿赂罪，必须达到"情节严重"的条件，根据本条规定，构成犯罪的，处3年以下有期徒刑或者拘役，并处罚金。

第2款是对介绍贿赂人在被追诉前主动交代介绍贿赂行为，可以减轻或者免除处罚的规定。介绍贿赂人在被追诉前主动交代介绍贿赂犯罪行为，实际上是检举、揭发了行贿、受贿双方的犯罪行为，对于司法机关收集证据，查明贿赂犯罪事实，惩处贿赂犯罪将起到很重要的作用，因此本款规定，介绍贿赂人在被追诉前主动交代介绍贿赂行为的，可以减轻处罚或者免除处罚。

本款对介绍贿赂犯罪的从宽处罚规定比《刑法》（第390条第2款即《刑法修正案（九）》第45条第2款）关于行贿犯罪的从宽处罚规定还要宽，也就是说，介绍贿赂人在被追诉前主动交代介绍贿赂行为的，就可以依法减轻或者免除处罚，不需要受犯罪较轻等情节的限制。由于介绍贿赂是介于受贿和行贿二者之间的行为，属于牵线搭桥的人，其社会危害性比直接行贿人轻，所以，法律对介绍贿赂犯罪的处罚规定比行贿犯罪的处罚规定轻。这一规定有利于固定贿赂犯罪的证据链和查处贿赂犯罪，也给介绍贿赂人一个从宽处罚和改过自新的机会。

■【立案标准】

《最高人民检察院关于人民检察院直接受理立案侦查案件立案标准的规定（试行）》（高检发释字〔1999〕2 号）中规定"介绍贿赂"是指在行贿人与受贿人之间沟通关系、撮合条件，使贿赂行为得以实现的行为。涉嫌下列情形之一的，应予立案：

1. 介绍个人向国家工作人员行贿，数额在 2 万元以上的；介绍单位向国家工作人员行贿，数额在 20 万元以上的；

2. 介绍贿赂数额不满上述标准，但具有下列情形之一的：（1）为使行贿人获取非法利益而介绍贿赂的；（2）3 次以上或者为 3 人以上介绍贿赂的；（3）向党政领导、司法工作人员、行政执法人员介绍贿赂的；（4）致使国家或者社会利益遭受重大损失的。

需要注意的是，《最高人民法院、最高人民检察院关于办理贪污贿赂刑事案件适用法律若干问题的解释》（法释〔2016〕9 号）对行贿罪和受贿罪的立案标准等都作出了调整，虽然没有明文规定本条调整，但根据法理，本条规定的介绍贿赂也应当比照行贿罪和受贿罪的追诉标准随之调整。

五、单位行贿罪

【法条原文】

《刑法》

第三百九十三条 【单位行贿罪】单位为谋取不正当利益而行贿，或者违反国家规定，给予国家工作人员以回扣、手续费，情节严重的，对单位判处罚金，并对其直接负责的主管人员和其他直接责任人员，处五年以下有期徒刑或者拘役，并处罚金。因行贿取得的违法所得归个人所有的，依照本法第三百八十九条、第三百九十条的规定定罪处罚。

【解读】

本条有两层意思：第一层意思是关于单位行贿罪如何处罚。根据本条的规定，这一犯罪的主体是单位，具体包括公司、企业、事业单位、机关、团体。在行为上主要表现为单位为谋取不正当利益而行贿，或者违反国家规定给予国家工作人员以回扣、手续费，情节严重的行为。这里所说的"违反国家规定"给予回扣、手续费，是指故意违反国家有关主管机关的禁止性规定或规章制度在账外暗中给予回扣、手续费。"情节严重"，主要是指行贿或者给予"回扣""手续费"多次、多人或数额较大，或者给国家利益造成严重损失等。考虑到单位行贿的直接责任人员是为单位利益或者受单位指使，实施了行贿行为，获得的不正当利益也未归其本人所有，因此，对其规定了相对于自然人行贿较轻的刑罚。本条规定的"情节严重"是构成本罪的必要条件，根据本条规定，单位犯行贿罪的，对单位判处罚金，并对其直接负责的主管人员和其他直接责任人员，处5年以下有期徒刑或者拘役，并处罚金。

第二层意思是如果单位行贿的直接负责人和其他直接责任人将单位行贿而获得的违法所得占为己有，即以单位名义行贿，实际上将得到的不正当利益中饱私囊的，实质上就是个人行贿行为，根据本条规定，应对直接负责的主管人员和其他直接责任人员依照本法第389条、第390条有关行贿罪的规定定罪处罚，即对直接负责的主管人员和其他直接责任人员不是按单位犯罪处罚，而是按个人行贿罪处罚。

■【立案标准】

《最高人民检察院关于行贿罪立案标准的规定》（2000年12月22日）中规定："单位行贿罪是指公司、企业、事业单位、机关、团体为谋取不正当利益而行贿，或者违反国家规定，给予国家工作人员以回扣、手续费，情节严重的行为。涉嫌下列情形之一的，应予立案：1. 单位行贿数额在二十万元以上的；2. 单位为谋取不正当利益而行贿，数额在十万元以上不满二十万元，但具有下列情形之一的：（1）为谋取非法利益而行贿的；（2）向三人以上行贿的；（3）向党政领导、司法工作人员、行政执法人员行贿的；（4）致使国家或者社会利益遭受重大损失的。因行贿取得的违法所得归个人所有的，依照本规定关于个人行贿的规定立案，追究其刑事责任。"

第八章
CHAPTER 08 贪污、受贿罪专业解读

一、贪污罪

【法条原文】

《刑法》

第三百八十二条 【贪污罪】国家工作人员利用职务上的便利，侵吞、窃取、骗取或者以其他手段非法占有公共财物的，是贪污罪。

受国家机关、国有公司、企业、事业单位、人民团体委托管理、经营国有财产的人员，利用职务上的便利，侵吞、窃取、骗取或者以其他手段非法占有国有财物的，以贪污论。

与前两款所列人员勾结，伙同贪污的，以共犯论处。

【解读】

第 1 款是关于贪污罪概念的规定。构成贪污罪，必须具备以下条件：

1. 贪污罪的主体是国家工作人员，即《刑法》第 93 条规定的"国家机关中从事公务的人员"，"国有公司、企业、事业单位、人民团体中从事公务的人员和国家机关、国有公司、企业、事业单位委派到非国有公司、企业、事业单位、社会团体从事公务的人员，以及其他依照法律从事公务的人员，以国家工作人员论"。《全国人民代表大会常务委员会关于〈中华人民共和国刑法〉第九十三条第二款的解释》（2009 修正）中规定了村民委员会等村基层组织人员协助人民政府从事下列行政管理工作，属于《刑法》第 93 条第 2 款规定的"其他依照法律从事公务的人员：（1）救灾、抢救、防汛、

优抚、扶贫、移民、救济款物的管理；（2）社会捐助公益事业款物的管理；（3）国有土地的经营和管理；（4）土地征收、征用补偿费用的管理；（5）代征、代缴税款；（6）有关计划生育、户籍、征兵工作；（7）协助人民政府从事的其他行政管理工作。并同时规定："村民委员会等村基层组织人员从事前款规定的公务，利用职务上的便利，非法占有公共财物、挪用公款、索取他人财物或者非法收受他人财物，构成犯罪的，适用刑法第三百八十二条和第三百八十三条贪污罪、第三百八十四条挪用公款罪、第三百八十五条和第三百八十六条受贿罪的规定。"也就是说，村委会等村基层组织人员从事协助人民政府进行有关管理工作，属于《刑法》第93条第2款规定的"其他依照法律从事公务的人员"，可以成为贪污罪和受贿罪的犯罪主体。

2. 贪污罪侵犯的对象是公共财产。《刑法》第91条对公共财产的范围作了规定。主要包括：（1）国有财产；（2）劳动群众集体所有的财产；（3）用于扶贫和其他公益事业的社会捐助或者专项基金的财产。"在国家机关、国有公司、企业、集体企业和人民团体管理、使用或者运输中的私人财产，以公共财产论。""财产"，包括货币、物品和财产性利益。财产性利益包括可以折算为货币的物质利益如房屋装修、债务免除等，以及需要支付货币的其他利益如会员服务、旅游等。后者的犯罪数额，以实际支付或者应当支付的数额计算。

3. 贪污罪在行为上主要表现为利用职务上的便利，侵吞、窃取、骗取或者以其他手段非法占有公共财物的行为。这里所说的"利用职务上的便利"，是指利用自己职务范围内的权力和地位所形成的主管、管理、经手公共财物的便利条件。"侵吞"，是指利用职务上的便利，将自己主管、管理、经手的公共财物非法占为己有的行为。"窃取"，是指利用职务上的便利，用秘密获取的方法，将自己主管、管理、经手的公共财物占为己有的行为，即通常所说的"监守自盗"。"骗取"，是指行为人利用职务上的便利，使用欺骗的方法，非法占有公共财物的行为，如伪造、涂改单据，虚报冒领。"其他手段"，是指侵吞、窃取、骗取以外的利用职务上的便利非法占有公共财物的手段。

第 2 款是关于受国家机关、国有公司、企业、事业单位、人民团体委托管理、经营国有财产的人员，利用职务上的便利，侵吞、窃取、骗取或者以其他手段非法占有国有财物的以贪污论的规定。这里规定的"国有财产"，与第一款规定的"公共财物"是有区别的，前者只限定于国家所有（或全民所有）的财产；后者还包括集体所有的财产、用于社会公益事业的财产等。

第 3 款是对与前两款所列人员勾结、伙同贪污，以共犯论处的规定。这里所说的"伙同贪污"，是指伙同国家工作人员进行贪污，其犯罪性质是贪污罪，对伙同者，应以贪污罪的共犯论处。

根据《最高人民法院关于印发〈全国法院审理经济犯罪案件工作座谈会纪要〉的通知》（法发〔2003〕167 号）中对相关事项的认定：

【国家机关工作人员的认定】

刑法中所称的国家机关工作人员。是指在国家机关中从事公务的人员、包括在各级国家权力机关、行政机关、司法机关和军事机关中从事公务的人员；

根据有关立法解释的规定，在依照法律、法规规定行使国家行政管理职权的组织中从事公务的人员，或者在受国家机关委托代表国家行使职权的组织中从事公务的人员、或者虽未列入国家机关人员编制但在国家机关中从事公务的人员，视为国家机关工作人员。在乡（镇）以上中国共产党机关、人民政协机关中从事公务的人员，司法实践中也应当视为国家机关工作人员。

【国家机关、国有公司、企业、事业单位委派到非国有公司、企业、事业单位、社会团体从事公务的人员的认定】

所谓委派，即委任、派遣，其形式多种多样，如任命、指派、提名、批准等。不论被委派的人身份如何，只要是接受国家机关、国有公司、企业、事业单位委派，代表国家机关、国有公司、企业、事业单位在非国有公司、企业、事业单位、社会团体中从事组织、领导、监督、管理等工作，都可以认定为国家机关、国有公司、企业、事业单位委派到非国有公司、企业、事业单位、社会团体从事公务的人员。如国家机关、国有公司、企业、事业单位委派在国有控股或者参股的股份有限公司从事组织、领导、监督、管理等工作的人员，应当以国家工作人员论。国有公司、企业改制为股份有限公司后，原国有公司、企业的工作人员和股份有限公司新任命的人员中，除代表国有投资主体行使监督、管理职权的人外不以国家工作人员论。

【其他依照法律从事公务的人员的认定】

《刑法》第93条第2款规定的"其他依照法律从事公务的人员"应当具有两个特征：一是在特定条件下行使国家管理职能；二是依照法律规定从事公务。具体包括：（1）依法履行职责的各级人民代表大会代表；（2）依法履行审判职责的人民陪审员；（3）协助乡镇人民政府、街道办事处从事行政管理工作的村民委员会、居民委员会等农村和城市基层组织人员；（4）其他由法律授权从事公务的人员。

【关于从事公务的理解】

从事公务，是指代表国家机关、国有公司、企业事业单位、人民团体等履行组织、领导、监督、管理等职责。公务主要表现为与职权相联系的公共事务以及监督、管理国有财产的职务活动。如国家机关工作人员依法履行职责，国有公司的董事、经理、监事、会计、出纳人员等管理、监督国有财产等活动，属于从事公务。那些不具备职权内容的劳务活动、技术服务工作，如售货员、售票员等所从事的工作，一般不认为是公务。

【贪污罪既遂与未遂的认定】

贪污罪是一种以非法占有为目的的财产性职务犯罪，与盗窃、诈骗、抢夺等侵犯财产罪一样，应当以行为人是否实际控制财物作为区分贪污罪既遂与未遂的标准。对于行为人利用职务上的便利，实施了虚假平账等贪污行为，但公共财物尚未实际转移，或者尚未被行为人控制就被查获的，应当认定为贪污未遂；行为人控制公共财物后，是否将财物据为自有，不影响贪污既遂的认定。

【受委托管理、经营国有财产的认定】

《刑法》第382条第2款规定的"受……委托管理、经营国有财产……"，是指因承包、租赁、临时聘用等管理、经营国有财产。

【国家工作人员与非国家工作人员勾结共同非法占有单位财物行

为的认定】

对于国家工作人员与他人勾结，共同非法占有单位财物的行为，应当按照《最高人民法院关于审理贪污、职务侵占案件如何认定共同犯罪几个问题的解释》（法释〔2000〕15号）的规定定罪处罚。对于在公司、企业或者其他单位中，非国家工作人员与国家工作人员勾结，分别利用各自的职务便利，共同将本单位财物非法占有的，应当尽量区分主从犯，按照主犯的犯罪性质定罪。司法实践中，如果根据案件的实际情况。各共同犯罪人在共同犯罪中的地位、作用相当，难以区分主从犯的，可以贪污罪定罪处罚。

【共同贪污犯罪中"个人贪污数额"的认定】

《刑法》第383条第1款规定的个人贪污数额，在共同贪污犯罪案件中应理解为个人所参与或者组织、指挥共同贪污的数额，不能只按个人实际分得的赃款数额来认定。对共同贪污犯罪中的从犯，应当按照其所参与的共同贪污的数额确定量刑幅度，并依照《刑法》第27条第2款的规定，从轻、减轻处罚或者免除处罚。

【法条原文】

《刑法》

第三百八十三条 【贪污罪的处罚规定】对犯贪污罪的，根据情节轻重，分别依照下列规定处罚：

（一）贪污数额较大或者有其他较重情节的，处三年以下有期徒刑或者拘役，并处罚金。

（二）贪污数额巨大或者有其他严重情节的，处三年以上十年以下有期徒刑，并处罚金或者没收财产。

（三）贪污数额特别巨大或者有其他特别严重情节的，处十年以上有期徒刑或者无期徒刑，并处罚金或者没收财产；数额特别巨大，并使国家和人民利益遭受特别重大损失的，处无期徒刑或者死刑，并处没收财产。

对多次贪污未经处理的，按照累计贪污数额处罚。

犯第一款罪，在提起公诉前如实供述自己罪行、真诚悔罪、积极退赃，避免、减少损害结果的发生，有第一项规定情形的，可以从轻、减轻或者免除处罚；有第二项、第三项规定情形的，可以从轻处罚。

犯第一款罪，有第三项规定情形被判处死刑缓期执行的，人民法院根据犯罪情节等情况可以同时决定在其死刑缓期二年执行期满依法减为无期徒刑后，终身监禁，不得减刑、假释。

【解读】

第 1 款规定了贪污罪的具体量刑标准，将数额和情节综合作为定罪量刑标准，其中规定了三个量刑档次，即贪污数额较大或者有其他较重情节，贪污数额巨大或者有其他严重情节，贪污数额特别巨大或者有其他特别严重情节。根据本款规定，行为人贪污数额较大应定贪污罪，追究其相应的刑事责任，行为人贪污数额虽没有达到较大的标准，但有其他较重情节也应定罪判刑。本款规定的数额和情节，需要司法机关根据处理贪污受贿犯罪的实际情况，在总结司法实践的基础上作出具体规定。可以从贪污款项的性质、贪污受贿数额的大小、贪污受贿犯罪行为的次数、贪污受贿犯罪使国家和人民利益遭受损失的大小、犯罪行为所采用的手段以及犯罪后的表现等方面进行综合考虑，作出具体规定，指导司法实践。考虑到贪污受贿犯罪是一种以非法占有为目的的财产性职务犯罪，行为人利于职务上的便利实施犯罪，侵犯了职务廉洁性，同时，与盗窃、诈骗等侵犯财产罪一样，具有贪利性，为不使行为人在经济上得利，本款在贪污受贿犯罪量刑相对较轻的档次中增加规定了罚金刑，使贪污贿赂罪犯在依法被判处自由刑的同时，还要同时被判处财产刑。

第 2 款是关于多次贪污未经处理应如何计算贪污数额的规定。多次贪污未经处理，是指两次以上的贪污行为，以前既没有受过刑事处罚，也没有受过行政处理，在追究其刑事责任时，应当累计计算贪污数额。

第 3 款是关于贪污犯罪从宽处理的规定。对贪污犯罪从宽处理必须同时符合以下条件：第一，在提起公诉前。"提起公诉"，是人民检察院对公安机关移送起诉或者人民检察院自行侦查终结认为应当起诉的案件，经全面审查，对事实清楚，证据确实充分，依法应当判处刑罚的，提交人民法院审判的诉讼活动。第二，行为人必须如实供述自己罪行、真诚悔罪、积极退赃。如实供述自己罪行，是指对于自己所犯的罪行，无论司法机关是否掌握，都要如实地、全部地、无保留地向司法机关供述。需要指出的是，"如实供述自己罪行、真诚悔罪、积极退赃"是并列条件，要求全部具备。实践中，有些嫌疑人虽然如实供述了自己的罪行，但没有积极退赃的表现，有的甚至将所贪污受贿的财产转移，企图出狱后自己和家人仍继续享受这些财产，这种行为表明其不具有真诚悔罪的表现，不符合从宽处理的条件。第三，避免、减少损害结果的发生。真诚悔罪、积极退赃的表现，必须要达到避免或者减少损害结果发生的实际效果。在同时具备以上前提的条件下，本款根据贪污受贿的不同情形，规定可以从宽处罚。根据本款的规定，对贪污数额较大或者有其他较重情节的，可以从轻、减轻或者免除处罚；对贪污数额巨大或者有其他严重情节以及对贪污数额特别巨大或者有其他特别严重情节的，可以从轻处罚。这是针对贪污受贿犯罪所作的特别规定，与刑法总则关于自首从宽处理的规定基本一致。

第4款是关于终身监禁，不得减刑、假释的规定。特别需要明确的是，这里规定的"终身监禁"不是独立的刑种，它是对罪当判处死刑的贪污受贿犯罪分子的一种不执行死刑的刑罚执行措施。从这个意义上讲，也可以说是对死刑的一种替代性措施。因此，与无期徒刑不同，无期徒刑是刑法总则规定的一个独立刑种。同时，在执行中，对被判处无期徒刑的罪犯，根据该罪犯接受教育改造、悔罪表现等情况，满足一定条件的可以减刑、假释。根据本款规定，"终身监禁"只适用于贪污数额特别巨大，并使国家和人民利益遭受特别重大损失，被判处死刑缓期执行的犯罪分子，特别是其中本应当判处死刑的，根据慎用死刑的刑事政策，结合案件的具体情况，对其判处死刑缓期二年执行的犯罪分子。需要指出的是，本款规定只是明确了可以适用"终身监禁"的人员的范围，并不是所有贪污受贿犯罪被判处死刑缓期执行的被告人都要"终身监禁"，是否"终身监禁"，应由人民法院根据其所实施犯罪的具体情节等情况综合考虑。这里规定的"同时"，是指被判处死刑缓期执行的同时，不是在死刑缓期执行二年期满以后减刑的"同时"。根据《刑事诉讼法》第254条的规定，可以暂予监外执行的对象是被判处有期徒刑和拘役的罪犯，因此，终身监禁的罪犯，不得减刑、假释，也不得暂予监外执行。

【量刑标准】

《最高人民法院、最高人民检察院关于办理贪污贿赂刑事案件适用法律若干问题的解释》（法释〔2016〕9号）

第一条 贪污或者受贿数额在三万元以上不满二十万元的，应当认定为刑法第三百八十三条第一款规定的"数额较大"，依法判处三年以下有期徒刑或者拘役，并处罚金。

贪污数额在一万元以上不满三万元，具有下列情形之一的，应当认定为刑法第三百八十三条第一款规定的"其他较重情节"，依法判处三年以下有期徒刑或者拘役，并处罚金：

（一）贪污救灾、抢险、防汛、优抚、扶贫、移民、救济、防疫、社会捐助等特定款物的；

（二）曾因贪污、受贿、挪用公款受过党纪、行政处分的；

（三）曾因故意犯罪受过刑事追究的；

（四）赃款赃物用于非法活动的；

（五）拒不交待赃款赃物去向或者拒不配合追缴工作，致使无法追缴的；

（六）造成恶劣影响或者其他严重后果的。

受贿数额在一万元以上不满三万元，具有前款第二项至第六项规定的情形之一，或者具有下列情形之一的，应当认定为刑法第三百八十三条第一款规定的"其他较重情节"，依法判处三年以下有期徒刑或者拘役，并处罚金：

（一）多次索贿的；

（二）为他人谋取不正当利益，致使公共财产、国家和人民利益遭受损失的；

（三）为他人谋取职务提拔、调整的。

第二条　贪污或者受贿数额在二十万元以上不满三百万元的，应当认定为刑法第三百八十三条第一款规定的"数额巨大"，依法判处三年以上十年以下有期徒刑，并处罚金或者没收财产。

贪污数额在十万元以上不满二十万元，具有本解释第一条第二款规定的情形之一的，应当认定为刑法第三百八十三条第一款规定的"其他严重情节"，依法判处三年以上十年以下有期徒刑，并处罚金或者没收财产。

受贿数额在十万元以上不满二十万元，具有本解释第一条第三款规定的情形之一的，应当认定为刑法第三百八十三条第一款规定的"其他严重情节"，依法判处三年以上十年以下有期徒刑，并处罚金或者没收财产。

第三条　贪污或者受贿数额在三百万元以上的，应当认定为刑法第三百八十三条第一款规定的"数额特别巨大"，依法判处十年以上有期徒刑、无期徒刑或者死刑，并处罚金或者没收财产。

贪污数额在一百五十万元以上不满三百万元，具有本解释第一条第二款规定的情形之一的，应当认定为刑法第三百八十三条第一款规定的"其他特别严重情节"，依法判处十年以上有期徒刑、无期徒刑或者死刑，并处罚金或者没收财产。

受贿数额在一百五十万元以上不满三百万元，具有本解释第一条第三款规定的情形之一的，应当认定为刑法第三百八十三条第一款规定的"其他特别严重情节"，依法判处十年以上有期徒刑、无期徒刑或者死刑，并处罚金或者没收财产。

第四条　贪污、受贿数额特别巨大，犯罪情节特别严重、社会影响特别恶劣、给国家和人民利益造成特别重大损失的，可以判处死刑。

符合前款规定的情形，但具有自首，立功，如实供述自己罪行、真诚悔罪、积极退赃，或者避免、减少损害结果的发生等情节，不是必须立即执行的，可以判处死刑缓期二年执行。

符合第一款规定情形的，根据犯罪情节等情况可以判处死刑缓期二年执行，同时裁判决定在其死刑缓期执行二年期满依法减为无期徒刑后，终身监禁，不得减刑、假释。

【贪污养老、医疗等社会保险基金的认定】

《最高人民检察院关于贪污养老、医疗等社会保险基金能否适用〈最高人民法院最高人民检察院关于办理贪污贿赂刑事案件适用法律若干问题的解释〉第一条第二款第一项规定的批复》（高检发释字〔2017〕1 号）

养老、医疗、工伤、失业、生育等社会保险基金可以认定为《最高人民法院、最高人民检察院关于办理贪污贿赂刑事案件适用法律若干问题的解释》第一条第二款第一项规定的"特定款物"。

根据刑法和有关司法解释规定，贪污罪和挪用公款罪中的"特定款物"的范围有所不同，实践中应注意区分，依法适用。

【拓展】对贪污罪历次修订的演变

2015 年 8 月 29 日第十二届全国人民代表大会常务委员会第十六次会议通过的《刑法修正案（九）》修改了贪污受贿犯罪的定罪量刑标准，取消了《刑法》第 383 条对贪污受贿犯罪定罪量刑的具体数额标准，采用数额加情节的标准，同时增加了罚金刑；进一步明确了对贪污受贿犯罪从轻、减轻、免除处罚的条件；增加一款规定，对犯贪污、受贿罪，被判处死刑缓期执行的，人民法院根据犯罪情节等情况可以同时决定在其死刑缓期执行二年期满依法减为无期徒刑后，终身监禁，不得减刑、假释。

关于贪污受贿犯罪的定罪量刑标准。1979 年《刑法》没有规定具体的定罪量刑数额标准，在执行中，司法机关反映不够具体，各地在实践中不好掌握，标准不一。1988 年全国人大常委会通过了《全国人民代表大会常务委员会关于惩治贪污罪贿赂罪的补充规定》，根据当时惩治贪污贿赂犯罪的实际需要和司法机关的要求，总结司法实践经验结合当时社会经济发展水平，对贪污罪根据不同数额，规定了四个处罚档次：（1）个人贪污数额在 5 万元以上的，处 10 年以上有期徒刑或者无期徒刑，可以并处没收财产；情节特别严重的，处死刑，并处没收财产。（2）个人贪污数额在 1 万元以上不满 5 万元的，处 5 年以上有期徒刑，可以并处没收财产；情节特别严重的，处无期徒刑，并处没收财产。（3）个人贪污数额在 2 千元以上不满 1 万元的，处 1 年以上 7 年以下有期徒刑；情节严重的，处 7 年以上 10 年以下有期徒刑。个人贪污数额在 2 千元以上不满 5 千元，犯罪后自首、立功或者有悔改表现、积极退赃的，可以减轻处罚，或者免予刑事处罚，由其所在单位或者上级主管机关给予行政处分。（4）个人贪污数额不满 2 千元，情节较重的，处二年以下有期徒刑或者拘役；情节较轻的，由其所在单位或者上级主管机关酌情给予行政处分。

1997 年《刑法》修订时，根据当时的社会经济发展状况以及司法实践情况，为了维护法律的严肃性和可执行性，对上述数额标准作了调整，规定了"不满五千元""五千元以上不满五万元""五万元以上不满十万元"和"十万元以上"四个档次的数额标准及相应处罚。这一规定为打击贪污受贿犯罪提供了具体明确的数额标准，解决了司法机关执法的实际需要，有利于法制的统一，避免了法律适用上的随意性。但是，这种明确规定数额标准的法定刑设定方式在具体适用上也暴露了一些问题。从司法实践的情况看，规定具体数额标准虽然明确，便于执行，对防止司法擅断也具有积极意义，但这类犯罪情况复杂，情节差别很大，单纯考虑数额，难以全面反映具体个罪的社会危害性。贪污、受贿犯罪的社会危害性不仅仅体现在数额的大小，还表现在国家工作人员滥用权力的情况或者给国家利益造成重大损失等情节，在有些案件中，可能行为人个人虽然贪污受贿数额不大，但给国家和人民利益造成的损害、恶劣的社会影响等其他情节的危害远远大于其贪污受贿数额的危害。同时，数额规定过死，有时难以根据案件的不同情况做到罪刑相适应，在一定程度上影响了惩治和预防贪污受贿犯罪的成效。司法实践中存在的问题较为突出地体现在贪污受贿数额在 10 万元以上的犯罪，由于《刑法》第 383 条明确规定个人贪污数额在 10 万元以上的即处 10 年以上有期徒刑或无期徒刑，对于犯罪数额为一二十万元的案件和一二百万元甚至更多的案件，往往只能判处刑期相近的 10 年以上有期徒刑，造成量刑不平衡，甚至失衡，无法做到罪责刑相适应。很容易使民众形成贪污受贿数额大的犯罪分子反而占到了便宜的印象，违反了刑法罪刑相适应的原则，严重影响了惩治贪污贿赂犯罪的法律效果和社会效果。

1997 年《刑法》修订至今，我国的经济社会生活发生了巨大变化，近年来，一些人大代表、政协委员、专家学者不断建议对贪污受贿犯罪的法定刑设置作出调整，取消贪污受贿犯罪定罪量刑的具体数额标准，社会各方面更是广泛关注。为解决司法实践中存在的上述问题，《刑法修正案（九）》将贪污受贿犯罪仅依据具体数额进行定罪量刑，修改为依据数额加情节进行定罪量刑，即根据数额较大或者情节较重、数额巨大或者情节严重、数额特别巨大或者情节特别严重三种情况，相应规定了三档刑罚，并对数额特别巨大，并使国家和人民利益遭受特别重大损失的，保留适用死刑。至于具体数额、情节标准，司法机关可以根据案件的具体情况掌握，也可以由最高人民法院、最高人民检察院通过制定司法解释予以确定，指导实践。关于进一步明确、严格对贪污受贿犯罪从轻、减轻、免除处罚的条件。1997 年修订的《刑法》第 383 条第 1 款第（三）项规定，个人贪污数额在 5 千元以上不满 1 万元，犯罪后有悔改表现、积极退赃的，可以减轻处罚或者免予刑事处罚，由其所在单位或者上级主管机关给予行政处分。在《刑法修正案（九）》草案起草和审议过程中，有意见认为，给予行政处分的内容不是刑法调整的范围，将行政处分写入刑法，不利于对贪污受贿犯罪的打击，建议删除。同时，也有意见建议将对贪污受贿犯罪从宽处罚的条件作更为严格的限定，并单独作出规定，以体现从严惩处的精神。考虑到本次修正案对贪污受贿犯罪定罪量刑标准作了调整，根据反腐斗争的实际需要，《刑法修正案（九）》对贪污受贿犯罪从宽处罚的条件作了更为严格的限制，并单独规定一款，对犯贪污受贿罪，如实供述自己罪行、真诚悔罪、积极退赃，避免、减少损害结果发生的，可以从宽处罚。这一规定体现了宽严相济的刑事政策，有利于教育、改造贪污受贿犯罪分子，集中惩处罪行严重的贪污受贿犯罪。

关于终身监禁。《刑法修正案（九）》在本条中增加规定，对犯贪污、受贿罪，被判处死刑缓期执行的，人民法院根据犯罪情节等情况可以同时决定在其死刑缓期执行二年期满后依法减为无期徒刑后，终身监禁，不得减刑、假释。这一规定，是按照党的十八届三中全会对加强反腐败工作，完善惩治腐败法律规定的要求，加大惩处腐败犯罪力度的精神作出的。随着反腐斗争的深入，特别是一些大案要案的出现，需要对刑法的相关规定作进一步完善，为严厉惩治提供法律支持。为体现我国对罪犯实行惩治与改造相结合，给罪犯以改造出路的刑罚执行政策，刑法规定了对判处无期徒刑、死刑缓期执行的罪犯，满足一定条件的，可以予以减刑、假释。是否减刑、假释需要根据罪犯接受教育改造、悔罪表现等情况确定。司法实践中对判处无期徒刑、死刑缓期执行的罪犯，绝大部分都适用了减刑，个别的还适用了假释，很少有终身监禁的情况。但是，在执行中也出现过一些问题，如一些司法机关对减刑条件把握过宽、减刑频率过快、次数过多，假释条件掌握过于宽松，致使一些因严重犯罪被判处死刑缓期执行或者无期徒刑的罪犯实际执行刑期过短，存在被判处无期徒刑、死刑缓期执行的犯罪分子实际执行期较短，与被判处死刑立即执行的犯罪分子相比，法律后果相差太大的情况。特别是贪污受贿这类犯罪，有的犯罪分子利用过去拥有的权力、影响力、金钱和社会关系网等，通过减刑、保外就医等途径，缩短了实际在狱内的服刑期，严重妨碍了司法公正，社会反映强烈，在一定程度上影响了惩治这类犯罪的法律效果和社会效果。针对上述司法实践中出现的问题，《刑法修正案（八）》对无期徒刑、死刑缓期执行的执行刑期作了调整：一是将死刑缓期执行减为有期徒刑的刑期提高为"25年"。二是规定对死刑缓期执行的限制减刑制度。对一些因严重犯罪、累犯被判处死刑缓期执行的犯罪分子，人民法院可以决定对其限制减刑，对死刑缓期执行期满后依法减为无期徒刑的，实际服刑最低不能少于25年；依法减为25年有期徒刑的，实际服刑最低不能少于20年。三是将无期徒刑罪犯减刑、假释后实际执行的最低刑期由10年提高到13年。2012年《最高人民法院关于办理减刑、假释案件具体应用法律若干问题的规定》（法释〔2012〕2号）和2014年《最高人民法院关于减刑、假释案件审理程序的规定》，对减刑、假释案件的适用条件、减刑幅度、减刑间隔以及审理程序等方面进一步作了严格规范。《刑法修正案（九）》（法释〔2014〕5号）在此基础上，对贪污受贿数额特别巨大、情节特别严重被判处死刑缓期执行的犯罪分子作了进一步严格规定，对贪污受贿数额特别巨大、情节特别严重的犯罪分子，特别是其中本应当判处死刑的，根据慎用死刑的刑事政策，结合案件的具体情况，对其判处死刑缓期二年执行依法减为无期徒刑后，采取终身监禁的措施，不得减刑、假释。在立法上保留死刑的同时，在司法实践中严格控制和慎重适用死刑，这一规定，有利于体现罪刑相适应的刑法原则，维护司法公正，符合宽严相济的刑事政策。事实上，我国刑法规定的无期徒刑的本意即有终身监禁的含义，与国外规定的终身监禁大体相当。考虑反腐斗争的实际需要及司法实践中存在的问题，加大惩治腐败的力度，《刑法修正案（九）》对一些重特大贪污受贿犯罪分子，罪行特别严重，又没有判处死刑立即执行的犯罪分子，在判处死刑缓期执行二年期满依法减为无期徒刑后，明确予以终身监禁，不得减刑、假释的规定。

二、挪用公款罪

【法条原文】

《刑法》

第三百八十四条　【挪用公款罪】国家工作人员利用职务上的便利，挪用公款归个人使用，进行非法活动的，或者挪用公款数额较大、进行营利活动的，或者挪用公款数额较大、超过三个月未还的，是挪用公款罪，处五年以下有期徒刑或者拘役；情节严重的，处五年以上有期徒刑。挪用公款数额巨大不退还的，处十年以上有期徒刑或者无期徒刑。

挪用用于救灾、抢险、防汛、优抚、扶贫、移民、救济款物归个人使用的，从重处罚。

【解读】

第 1 款是关于挪用公款罪的概念及其处罚的规定。构成挪用公款罪必须具备以下几个条件：

1. 犯罪主体只能是国家工作人员。根据《全国人民代表大会常务委员会关于〈中华人民共和国刑法〉第九十三条第二款的解释》规定，村民委员会等村基层组织人员在协助人民政府从事行政管理工作中，利用职务上的便利，挪用公款构成犯罪的，适用《刑法》第384条挪用公款罪的规定，也可以成为挪用公款罪的主体。

2. 在客观方面是利用职务上的便利，实施以下三种行为之一：（1）挪用公款归个人使用，进行非法活动。这里所说的"挪用公款归个人使用"，包括挪用者本人使用或者给其他人使用。挪用公款后，为私利以个人名义将挪用的公款给其他单位使用的，应视为挪用公款归个人使用。"进行非法活动"，是指进行违法犯罪活动，如赌博、走私。对挪用公款归个人使用进行非法活动的，不要求数额较大，也不论挪用时间长短，原则上都可构成本罪。（2）挪用公款归个人使用数额较大，进行营利活动。这里所说的"进行营利活动"，是指进行经商办企业、投资股市、放贷等经营性活动。（3）挪用公款数额较大，归个人使用，超过3个月未还。这种挪用主要指用于个人生活，如挪用公款盖私房、买车或者进行挥霍。这里所说的"未还"，是指案发前（被司法机关、主管部门或者有关单位发现前）未还。

3. 挪用公款罪在主观方面具有挪用的故意，即准备以后归还，不打算永久占有。这是挪用公款罪与贪污罪的根本区别。另外，2002年4月28日第九届全国人民代表大会常务委员会第二十七次会议通过的《关于〈中华人民共和国刑法〉第三百八十四条第一款的解释》中，对于挪用公款"归个人使用"的问题作了专门解释：有下列情形之一的，属于挪用公款"归个人使用"：（1）将公款供本人、亲友或者其他自然人使用的；（2）以个人名义将公款供其他单位使用的；（3）个人决定以单位名义将公款供其他单位使用，谋取个人利益。根据本款规定，对挪用公款罪，处5年以下有期徒刑或者拘役；情节严重的，处5年以上有期徒刑。挪用公款数额巨大不退还的，处10年以上有期徒刑、无期徒刑。这里所说的"不退还"，是指主观上想还而还不了的。如果在主观上就想非法占有挪用款，即构成贪污罪，应当按照贪污罪定罪处罚。

第2款是对挪用救灾、抢险、防汛、优抚、扶贫、移民、救济款物归个人使用的从重处罚的规定。本款所规定的"从重处罚"，是指根据挪用特定款物行为的情节，分别适用第1款规定的量刑幅度，在各量刑幅度内处较重刑罚。

【量刑标准】

《最高人民法院、最高人民检察院关于办理贪污贿赂刑事案件适用法律若干问题的解释》（法释〔2016〕9号）

第五条　挪用公款归个人使用，进行非法活动，数额在三万元以上的，应当依照刑法第三百八十四条的规定以挪用公款罪追究刑事责任；数额在三百万元以上的，应当认定为刑法第三百八十四条第一款规定的"数额巨大"。具有下列情形之一的，应当认定为刑法第三百八十四条第一款规定的"情节严重"：

（一）挪用公款数额在一百万元以上的；

（二）挪用救灾、抢险、防汛、优抚、扶贫、移民、救济特定款物，数额在五十万元以上不满一百万元的；

（三）挪用公款不退还，数额在五十万元以上不满一百万元的；

（四）其他严重的情节。

第六条　挪用公款归个人使用，进行营利活动或者超过三个月未还，数额在五万元以上的，应当认定为刑法第三百八十四条第一款规定的"数额较大"；数额在五百万元以上的，应当认定为刑法第三百八十四条第一款规定的"数额巨大"。具有下列情形之一的，应当认定为刑法第三百八十四条第一款规定的"情节严重"：

（一）挪用公款数额在二百万元以上的；

（二）挪用救灾、抢险、防汛、优抚、扶贫、移民、救济特定款物，数额在一百万元以上不满二百万元的；

（三）挪用公款不退还，数额在一百万元以上不满二百万元的；

（四）其他严重的情节。

【相关情形的认定】

《最高人民法院关于印发〈全国法院审理经济犯罪案件工作座谈会纪要〉的通知》（法发〔2003〕167号）

四、关于挪用公款罪

（一）单位决定将公款给个人使用行为的认定

经单位领导集体研究决定将公款给个人使用，或者单位负责人为了单位的利益，决定将公款给个人使用的，不以挪用公款罪定罪处罚。上述行为致使单位遭受重大损失，构成其他犯罪的，依照刑法的有关规定对责任人员定罪处罚。

（二）挪用公款供其他单位使用行为的认定

根据全国人大常委会《关于〈中华人民共和国刑法〉第三百八十四条第一款的解释》的规定，"以个人名义将公款供其他单位使用的"、"个人决定以单位名义将公款供其他单位使用，谋取个人利益的"，属于挪用公款"归个人使用"。在司法实践中，对于将公款供其他单位使用的，认定是否属于"以个人名义"，不能只看形式，要从实质上把握。对于行为人逃避财务监管，或者与使用人约定以个人名义进行，或者借款、还款都以个人名义进行，将公款给其他单位使用的，应认定为"以个人名义"。"个人决定"既包括行为人在职权范围内决定，也包括超越职权范围决定。"谋取个人利益"，既包括行为人与使用人事先约定谋取个人利益实际尚未获取的情况，也包括虽未事先约定但实际已获取了个人利益的情况。其中的"个人利益"，既包括不正当利益，也包括正当利益；既包括财产性利益，也包括非财产性利益，但这种非财产性利益应当是具体的实际利益，如升学、就业等。

（三）国有单位领导向其主管的具有法人资格的下级单位借公款归个人使用的认定

国有单位领导利用职务上的便利指令具有法人资格的下级单位将公款供个人使用的，属于挪用公款行为，构成犯罪的，应以挪用公款罪定罪处罚。

（四）挪用有价证券、金融凭证用于质押行为性质的认定

挪用金融凭证、有价证券用于质押，使公款处于风险之中，与挪用公款为他人提供担保没有实质的区别。符合刑法关于挪用公款罪规定的，以挪用公款罪定罪处罚，挪用公款数额以实际或者可能承担的风险数额认定。

（五）挪用公款归还个人欠款行为性质的认定

挪用公款归还个人欠款的，应当根据产生欠款的原因，分别认定属于挪用公款的何种情形。归还个人进行非法活动或者进行营利活

动产生的欠款，应当认定为挪用公款进行非法活动或者进行营利活动。

（六）挪用公款用于注册公司、企业行为性质的认定

申报注册资本是为进行生产经营活动作准备，属于成立公司、企业进行营利活动的组成部分。因此，挪用公款归个人用于公司、企业注册资本验资证明的，应当认定为挪用公款进行营利活动。

（七）挪用公款后尚未投入实际使用的行为性质的认定

挪用公款后尚未投入实际使用的，只要同时具备"数额较大"和"超过三个月未还"的构成要件，应当认定为挪用公款罪，但可以酌情从轻处罚。

（八）挪用公款转化为贪污的认定

挪用公款罪与贪污罪的主要区别在于行为人主观上是否具有非法占有公款的目的。挪用公款是否转化为贪污，应当按照主客观相一致的原则，具体判断和认定行为人主观上是否具有非法占有公款的目的。在司法实践中，具有以下情形之一的，可以认定行为人具有非法占有公款的目的：

1. 根据《最高人民法院关于审理挪用公款案件具体应用法律若干问题的解释》第六条的规定，行为人"携带挪用的公款潜逃的"，对其携带挪用的公款部分，以贪污罪定罪处罚。

2. 行为人挪用公款后采取虚假发票平帐、销毁有关帐目等手段，使所挪用的公款已难以在单位财务帐目上反映出来，且没有归还行为的，应当以贪污罪定罪处罚。

3. 行为人截取单位收入不入帐，非法占有，使所占有的公款难以在单位财务帐目上反映出来，且没有归还行为的，应当以贪污罪定罪处罚。

4. 有证据证明行为人有能力归还所挪用的公款而拒不归还，并隐瞒挪用的公款去向的，应当以贪污罪定罪处罚。

【追诉时效计算】

《最高人民法院关于挪用公款犯罪如何计算追诉期限问题的批复》（法释〔2003〕16号）

根据刑法第八十九条、第三百八十四条的规定，挪用公款归个

人使用，进行非法活动的，或者挪用公款数额较大、进行营利活动的，犯罪的追诉期限从挪用行为实施完毕之日起计算；挪用公款数额较大、超过三个月未还的，犯罪的追诉期限从挪用公款罪成立之日起计算。挪用公款行为有连续状态的，犯罪的追诉期限应当从最后一次挪用行为实施完毕之日或者犯罪成立之日起计算。

【关于挪用职工失业保险金和下岗职工生活保障金是否属于挪用特定款物】

《最高人民检察院关于挪用失业保险基金和下岗职工基本生活保障资金的行为适用法律问题的批复》（高检发释字〔2003〕1号）

挪用失业保险基金和下岗职工基本生活保障资金属于挪用救济款物。挪用失业保险基金和下岗职工基本生活保障资金，情节严重，致使国家和人民群众利益遭受重大损害的，对直接责任人员，应当依照刑法第二百七十三条的规定，以挪用特定款物罪追究刑事责任；国家工作人员利用职务上的便利，挪用失业保险基金和下岗职工基本生活保障资金归个人使用，构成犯罪的，应当依照刑法第三百八十四条的规定，以挪用公款罪追究刑事责任。

【挪用非特定公物能否定罪】

《最高人民检察院关于国家工作人员挪用非特定公物能否定罪的请示的批复》（高检发释字〔2000〕1号）

刑法第384条规定的挪用公款罪中未包括挪用非特定公物归个人使用的行为，对该行为不以挪用公款罪论处。如构成其他犯罪的，依照刑法的相关规定定罪处罚。

【国库券如何定性】

《最高人民检察院关于挪用国库券如何定性问题的批复》（高检发释字〔1997〕5号）

国家工作人员利用职务上的便利，挪用公有或本单位的国库券的行为以挪用公款论；符合刑法第384条、第272条第2款规定的情形构成犯罪的，按挪用公款罪追究刑事责任。

三、受贿罪

【法条原文】

《刑法》

第三百八十五条　【受贿罪】国家工作人员利用职务上的便利，索取他人财物的，或者非法收受他人财物，为他人谋取利益的，是受贿罪。

国家工作人员在经济往来中，违反国家规定，收受各种名义的回扣、手续费，归个人所有的，以受贿论处。

【解读】

第 1 款规定了受贿罪的概念。构成受贿罪必须具备以下几个条件：

（1）受贿罪的主体是国家工作人员。根据《全国人民代表大会常务委员会关于〈中华人民共和国刑法〉第九十三条第二款的解释》规定，村民委员会等基层组织人员在协助人民政府从事行政管理工作时，属于《刑法》第 93 条第 2 款规定的"其他依照法律从事公务的人员"。也就是说，如果利用职务上的便利，索取他人财物或者非法收受他人财物，构成犯罪的，适用《刑法》第 385 条和第 386 条受贿罪的规定，也可以成为受贿罪的主体。

（2）受贿罪在客观方面表现为利用职务上的便利，索取他人财物，或者非法收受他人财物，为他人谋取利益。这里所说的"利用职务上的便利"，是指利用本人职务范围内的权力，即自己职务上主管、负责或者承办某种公共事务的职权所造成的便利条件。"索取他人财物"，是指行为人在职务活动中主动向他人索要财物。索贿是严重的受贿行为，比一般受贿具有更大的主观恶性和社会危害性，因此对索取他人财物的，法律没有规定要以"为他人谋取利益"为条件，不论是否为他人谋取利益，均可构成受贿罪。"非法收受他人财物"，是指行贿人向受贿人主动给予财物时，受贿人非法收受他人财物的行为。"为他人谋取利益"，是指受贿人利用职权为行贿人办事，即进行"权钱交易"。至于为他人谋取的利益是否正当，为他人谋取的利益是否实现，不影响受贿罪的成立。

第2款是对国家工作人员在经济往来中，违反国家规定收受各种名义的回扣、手续费，归个人所有，以受贿论处的规定。这里所说的"违反国家规定"，是指违反全国人大及其常委会制定的法律，国务院制定的行政法规和行政措施、发布的决定和命令。例如，《反不正当竞争法》规定，严禁在账外暗中给对方或者收受对方的回扣。"账外暗中"，是指未在依法设立的账务账目上按照财务会计制度如实记载。在账外暗中给予对方回扣的，以行贿论；在账外暗中收受回扣的，以受贿论。"手续费"，是指在经济活动中，除回扣以外，违反国家规定支付给对方的各种名义的钱或物，如佣金、信息费、顾问费、劳务费、辛苦费、好处费。根据本款规定，收受回扣或者各种名义的手续费归个人所有的，就应以受贿罪论处。

【法条原文】

《刑法》

第三百八十六条 【受贿罪的处罚规定】对犯受贿罪的，根据受贿所得数额及情节，依照本法第三百八十三条的规定处罚。索贿的从重处罚。

【受贿罪的量刑标准参见贪污罪部分】

【各种受贿形式的认定】

《最高人民法院、最高人民检察院关于印发〈关于办理受贿刑事案件适用法律若干问题的意见〉的通知》（法发〔2007〕22号）

一、关于以交易形式收受贿赂问题

国家工作人员利用职务上的便利为请托人谋取利益，以下列交易形式收受请托人财物的，以受贿论处：

（1）以明显低于市场的价格向请托人购买房屋、汽车等物品的；

（2）以明显高于市场的价格向请托人出售房屋、汽车等物品的；

（3）以其他交易形式非法收受请托人财物的。

受贿数额按照交易时当地市场价格与实际支付价格的差额计算。

前款所列市场价格包括商品经营者事先设定的不针对特定人的最低优惠价格。根据商品经营者事先设定的各种优惠交易条件，以优惠价格购买商品的，不属于受贿。

二、关于收受干股问题

干股是指未出资而获得的股份。国家工作人员利用职务上的便利为请托人谋取利益，收受请托人提供的干股的，以受贿论处。进行了股权转让登记，或者相关证据证明股份发生了实际转让的，受贿数额按转让行为时股份价值计算，所分红利按受贿孳息处理。股份未实际转让，以股份分红名义获取利益的，实际获利数额应当认定为受贿数额。

三、关于以开办公司等合作投资名义收受贿赂问题

国家工作人员利用职务上的便利为请托人谋取利益，由请托人出资，"合作"开办公司或者进行其他"合作"投资的，以受贿论处。受贿数额为请托人给国家工作人员的出资额。

国家工作人员利用职务上的便利为请托人谋取利益，以合作开办公司或者其他合作投资的名义获取"利润"，没有实际出资和参与管理、经营的，以受贿论处。

四、关于以委托请托人投资证券、期货或者其他委托理财的名义收受贿赂问题

国家工作人员利用职务上的便利为请托人谋取利益，以委托请托人投资证券、期货或者其他委托理财的名义，未实际出资而获取"收益"，或者虽然实际出资，但获取"收益"明显高于出资应得收益的，以受贿论处。受贿数额，前一情形，以"收益"额计算；后一情形，以"收益"额与出资应得收益额的差额计算。

五、关于以赌博形式收受贿赂的认定问题

根据《最高人民法院、最高人民检察院关于办理赌博刑事案件具体应用法律若干问题的解释》第七条规定，国家工作人员利用职务上的便利为请托人谋取利益，通过赌博方式收受请托人财物的，构成受贿。

实践中应注意区分贿赂与赌博活动、娱乐活动的界限。具体认

定时，主要应当结合以下因素进行判断：（1）赌博的背景、场合、时间、次数；（2）赌资来源；（3）其他赌博参与者有无事先通谋；（4）输赢钱物的具体情况和金额大小。

六、关于特定关系人"挂名"领取薪酬问题

国家工作人员利用职务上的便利为请托人谋取利益，要求或者接受请托人以给特定关系人安排工作为名，使特定关系人不实际工作却获取所谓薪酬的，以受贿论处。

七、关于由特定关系人收受贿赂问题

国家工作人员利用职务上的便利为请托人谋取利益，授意请托人以本意见所列形式，将有关财物给予特定关系人的，以受贿论处。

特定关系人与国家工作人员通谋，共同实施前款行为的，对特定关系人以受贿罪的共犯论处。特定关系人以外的其他人与国家工作人员通谋，由国家工作人员利用职务上的便利为请托人谋取利益，收受请托人财物后双方共同占有的，以受贿罪的共犯论处。

八、关于收受贿赂物品未办理权属变更问题

国家工作人员利用职务上的便利为请托人谋取利益，收受请托人房屋、汽车等物品，未变更权属登记或者借用他人名义办理权属变更登记的，不影响受贿的认定。

认定以房屋、汽车等物品为对象的受贿，应注意与借用的区分。具体认定时，除双方交代或者书面协议之外，主要应当结合以下因素进行判断：（1）有无借用的合理事由；（2）是否实际使用；（3）借用时间的长短；（4）有无归还的条件；（5）有无归还的意思表示及行为。

九、关于收受财物后退还或者上交问题

国家工作人员收受请托人财物后及时退还或者上交的，不是受贿。

国家工作人员受贿后，因自身或者与其受贿有关联的人、事被查处，为掩饰犯罪而退还或者上交的，不影响认定受贿罪。

十、关于在职时为请托人谋利，离职后收受财物问题

国家工作人员利用职务上的便利为请托人谋取利益之前或者之后，约定在其离职后收受请托人财物，并在离职后收受的，以受贿

论处。

国家工作人员利用职务上的便利为请托人谋取利益，离职前后连续收受请托人财物的，离职前后收受部分均应计入受贿数额。

十一、关于"特定关系人"的范围

本意见所称"特定关系人"，是指与国家工作人员有近亲属、情妇（夫）以及其他共同利益关系的人。

十二、关于正确贯彻宽严相济刑事政策的问题

依照本意见办理受贿刑事案件，要根据刑法关于受贿罪的有关规定和受贿罪权钱交易的本质特征，准确区分罪与非罪、此罪与彼罪的界限，惩处少数，教育多数。在从严惩处受贿犯罪的同时，对于具有自首、立功等情节的，依法从轻、减轻或者免除处罚。

《最高人民法院关于印发〈全国法院审理经济犯罪案件工作座谈会纪要〉的通知》（法发〔2003〕67号）

三、关于受贿罪

（一）关于"利用职务上的便利"的认定

刑法第三百八十五条第一款规定的"利用职务上的便利"，既包括利用本人职务上主管、负责、承办某项公共事务的职权，也包括利用职务上有隶属、制约关系的其他国家工作人员的职权。担任单位领导职务的国家工作人员通过不属自己主管的下级部门的国家工作人员的职务为他人谋取利益的，应当认定为"利用职务上的便利"为他人谋取利益。

（二）"为他人谋取利益"的认定

为他人谋取利益包括承诺、实施和实现三个阶段的行为。只要具有其中一个阶段的行为，如国家工作人员收受他人财物时，根据他人提出的具体请托事项，承诺为他人谋取利益的，就具备了为他人谋取利益的要件。明知他人有具体请托事项而收受其财物的，视为承诺为他人谋取利益。

（三）"利用职权或地位形成的便利条件"的认定

刑法第三百八十八条规定的"利用本人职权或者地位形成的便利条件"，是指行为人与被其利用的国家工作人员之间在职务上虽然

没有隶属、制约关系，但是行为人利用了本人职权或者地位产生的影响和一定的工作联系，如单位内不同部门的国家工作人员之间、上下级单位没有职务上隶属、制约关系的国家工作人员之间、有工作联系的不同单位的国家工作人员之间等。

（四）离职国家工作人员收受财物行为的处理

参照《最高人民法院关于国家工作人员利用职务上的便利为他人谋取利益离退休后收受财物行为如何处理问题的批复》规定的精神，国家工作人员利用职务上的便利为请托人谋取利益，并与请托人事先约定，在其离职后收受请托人财物，构成犯罪的，以受贿罪定罪处罚。

（五）共同受贿犯罪的认定

根据刑法关于共同犯罪的规定，非国家工作人员与国家工作人员勾结伙同受贿的，应当以受贿罪的共犯追究刑事责任。非国家工作人员是否构成受贿罪共犯，取决于双方有无共同受贿的故意和行为，国家工作人员的近亲属向国家工作人员代为转达请托事项，收受请托人财物并告知该国家工作人员。或者国家工作人员明知其近亲属收受了他人财物，仍按照近亲属的要求利用职权为他人谋取利益的，对该国家工作人员应认定为受贿罪，其近亲属以受贿罪共犯论处；近亲属以外的其他人与国家工作人员通谋，由国家工作人员利用职务上的便利为请托人谋取利益，收受请托人财物后双方共同占有的，构成受贿罪共犯，国家工作人员利用职务上的便利为他人谋取利益，并指定他人将财物送给其他人。构成犯罪的，应以受贿罪定罪处罚。

（六）以借款为名索取或者非法收受财物行为的认定

国家工作人员利用职务上的便利以借为名向他人索取财物，或者非法收受财物为他人谋取利益的。应当认定为受贿。具体认定时，不能仅仅看是否有书面借款手续，应当根据以下因素综合判定：

（1）有无正当、合理的借款事由；（2）款项的去向；（3）双方平时关系如何、有无经济往来；（4）出借方是否要求国家工作人员利用职务上的便利为其谋取利益；（5）借款后是否有归还的意思表示及行为；（6）是否有归还的能力；（7）未归还的原因；等等。

（七）涉及股票受贿案件的认定

在办理涉及股票的受贿案件时，应当注意：（1）国家工作人员利用职务上的便利，索取或非法收受股票，没有支付股本金，为他人谋取利益，构成受贿罪的，其受贿数额按照收受股票时的实际价格计算。（2）行为人支付股本金而购买较有可能升值的股票，由于不是无偿收受请托人财物，不以受贿罪论处。（3）股票已上市且已升值，行为人仅支付股本金，其"购买"股票时的实际价格与股本金的差价部分应认定为受贿。

【为他人谋取利益的认定】

《最高人民法院、最高人民检察院关于办理贪污贿赂刑事案件适用法律若干问题的解释》（法释〔2016〕9号）

第十三条　具有下列情形之一的，应当认定为"为他人谋取利益"，构成犯罪的，应当依照刑法关于受贿犯罪的规定定罪处罚：

（一）实际或者承诺为他人谋取利益的；

（二）明知他人有具体请托事项的；

（三）履职时未被请托，但事后基于该履职事由收受他人财物的。

国家工作人员索取、收受具有上下级关系的下属或者具有行政管理关系的被管理人员的财物价值三万元以上，可能影响职权行使的，视为承诺为他人谋取利益。

《最高人民检察院法律政策研究室关于集体性质的乡镇卫生院院长利用职务之便收受他人财物的行为如何适用法律问题的答复》（〔2003〕高检研发第9号）

经过乡镇政府或者主管行政机关任命的乡镇卫生院院长，在依法从事本区域卫生工作的管理与业务技术指导，承担医疗预防保健服务工作等公务活动时，属于刑法第九十三条第二款规定的其他依照法律从事公务的人员。对其利用职务上的便利，索取他人财物的，或者非法收受他人财物，为他人谋取利益的，应当依照刑法第三百八十五条、第三百八十六条的规定，以受贿罪追究刑事责任。

《最高人民法院关于国家工作人员利用职务上的便利为他人谋取利益离退休后收受财物行为如何处理问题的批复》（法释〔2000〕21号）

国家工作人员利用职务上的便利为请托人谋取利益，并与请托人事先约定，在其离退休后收受请托人财物，构成犯罪的，以受贿罪定罪处罚。

四、单位受贿罪

【法条原文】

《刑法》

第387条 【单位受贿罪】国家机关、国有公司、企业、事业单位、人民团体，索取、非法收受他人财物，为他人谋取利益，情节严重的，对单位判处罚金，并对其直接负责的主管人员和其他直接责任人员，处五年以下有期徒刑或者拘役。

前款所列单位，在经济往来中，在帐外暗中收受各种名义的回扣、手续费的，以受贿论，依照前款的规定处罚。

【解读】

第1款是关于单位受贿罪及其处罚的规定。单位受贿罪的犯罪主体是国家机关、国有公司、企业、事业单位、人民团体。除此以外，其他单位包括集体经济组织、中外合资企业、中外合作企业、外商独资企业和私营企业，都不能成为单位受贿罪的主体。本罪在行为上主要表现为上述单位索取、非法收受他人财物，为他人谋取利益，情节严重的行为，如国有商业银行利用发放贷款的职务便利，向申请贷款的单位或个人索要好处费。这里所说的"为他人谋取利益"，既包括谋取非法利益，也包括正当利益。至于是否为他人谋取到利益，不影响本罪的构成。根据本条规定，单位犯受贿罪的，对单位判处罚金，并对其直接负责的主管人员和其他直接责任人员，处5年以下有期徒刑或者拘役。应当注意的是，本罪的重要特征是将索取、非法收受的他人财物归单位所有。如果单位直接负责的主管人员和其他直接责任人员借单位名义索取、收受他人财物后私分、中饱私囊的，则不适用本条规定，而应根据对个人犯受贿罪的处刑规定追究刑事责任。

第2款是关于国家机关、国有公司、企业、事业单位、人民团体在经济往来中，在账外暗中收受各种名义的回扣、手续费，以受贿论处的规定。这里所说的在经济往来中"在账外暗中"收受回扣、手续费的行为（参见受贿罪）。

五、斡旋受贿罪

【法条原文】

《刑法》

第三百八十八条 【受贿罪】国家工作人员利用本人职权或者地位形成的便利条件，通过其他国家工作人员职务上的行为，为请托人谋取不正当利益，索取请托人财物或者收受请托人财物的，以受贿论处。

【解读】本条是关于斡旋受贿犯罪的规定。斡旋受贿罪行为人不是直接利用本人职务上的行为，而是利用其职权、地位形成的便利条件，通过其他国家工作人员的职务行为，为他人谋取利益，索取或者收受他人财物。例如，利用上下级之间的隶属关系，利用部门、单位之间的工作关系，让其他国家工作人员为请托人办事。这里所说的"谋取不正当利益"，是指根据法律及有关政策规定不应得到的利益。根据本条规定，如果为请托人谋取的是正当的利益，不构成本条规定的犯罪。根据本条规定，对斡旋受贿行为以受贿论处，即依照《刑法》第386条的规定进行处罚。

六、利用影响力受贿罪

【法条原文】

《刑法》

第三百八十八条之一 【利用影响力受贿罪】国家工作人员的近亲属或者其他与该国家工作人员关系密切的人，通过该国家工作人员职务上的行为，或者利用该国家工作人员职权或者地位形成的便利条件，通过其他国家工作人员职务上的行为，为请托人谋取不正当利益，索取请托人财物或者收受请托人财物，数额较大或者有其他较重情节的，处三年以下有期徒刑或者拘役，并处罚金；数额巨大或者有其他严重情节的，处三年以上七年以下有期徒刑，并处罚金；数额特别巨大或者有其他特别严重情节的，处七年以上有期徒刑，并处罚金或者没收财产。

离职的国家工作人员或者其近亲属以及其他与其关系密切的人，利用该离职的国家工作人员原职权或者地位形成的便利条件实施前款行为的，依照前款的规定定罪处罚。

【解读】

第 1 款是关于国家工作人员的近亲属或者其他与该国家工作人员关系密切的人，利用影响力进行受贿犯罪及处罚的规定。根据第 1 款的规定，本罪的犯罪主体包括：与国家工作人员有着某种特定关系的非国家工作人员，包括国家工作人员的近亲属或者其他与该国家工作人员关系密切的人。之所以将这两种人的斡旋受贿行为规定为犯罪，主要是考虑到他们与国家工作人员有着血缘、亲属关系，有的虽不存在亲属关系，但彼此是同学、战友、老部下、老上级或是有着某种共同的利益关系，或是过从甚密，具有足够的影响力，他们斡旋受贿的行为影响了国家工作人员职务的廉洁性，应当受到刑罚处罚。这里规定的近亲属，主要是指夫、妻、父、母、子、女、同胞兄弟姐妹、祖父母、外祖父母、孙子女、外孙子女。这里所说的"谋取不正当利益"，是指根据法律及有关政策规定不应得到的利益。

第 2 款是关于离职的国家工作人员或其近亲属以及其他与其关系密切的人，利用影响力进行受贿犯罪及处罚的规定。"离职"，是指曾经是国家工作人员，但目前的状态是已离开了国家工作人员岗位，包括离休、退休、辞职、辞退等。构成本款规定的犯罪，应依照第 1 款的规定定罪处罚。

【量刑标准】

《最高人民法院、最高人民检察院关于办理贪污贿赂刑事案件适用法律若干问题的解释》（法释〔2016〕9 号）

第十条第一款　刑法第三百八十八条之一规定的利用影响力受贿罪的定罪量刑适用标准，参照本解释关于受贿罪的规定执行。

七、私分国有资产罪、私分罚没财物罪

【法条原文】

《刑法》

第三百九十六条　【私分国有资产罪】国家机关、国有公司、企业、事业单位、人民团体，违反国家规定，以单位名义将国有资产集体私分给个人，数额较大的，对其直接负责的主管人员和其他直接责任人员，处三年以下有期徒刑或者拘役，并处或者单处罚金；数额巨大的，处三年以上七年以下有期徒刑，并处罚金。

【私分罚没财物罪】司法机关、行政执法机关违反国家规定，将应当上缴国家的罚没财物，以单位名义集体私分给个人的，依照前款的规定处罚。

【解读】

根据本条第 1 款的规定，构成私分国有资产罪应当具备以下几个条件：（1）犯罪主体是国家机关、国有公司、企业、事业单位、人民团体。（2）本罪在客观方面，表现为违反国家规定，以单位名义将国有资产集体私分给个人。这里所说的"违反国家规定"，是指

违反国家有关管理、使用、保护国有资产方面的法律、行政法规规定。"以单位名义将国有资产集体私分给个人",是指由单位负责人决定,或者单位决策机构集体讨论决定,分给单位所有职工。如果不是分给所有职工,而是几个负责人暗中私分,则不应以本条定罪处罚,而应以贪污罪追究私分者的刑事责任。(3)集体私分国有资产必须满足"数额较大"这一条件,才能构成犯罪。

第2款是关于私分罚没财物罪的规定,即司法机关、行政执法机关违反国家规定,将应当上缴国家的罚没财物,以单位名义集体私分给个人的,依照前款的规定处罚。这里所说的"司法机关",是指人民法院、人民检察院、公安机关。"行政执法机关",主要是指依照行政处罚法的规定,对公民和单位有行政处罚权的政府机关,如工商、税务、海关、环保、林业、交通等政府有关行政部门。"罚没财物",包括人民法院对犯罪分子判处的罚金、没收的财产;行政执法机关对违法行为给予的罚款;司法机关、行政执法机关在执法中没收违法犯罪人用于违法犯罪活动的金钱、物品及各种违法所得。

根据本条规定,单位犯私分国有资产罪的,对单位的直接负责的主管人员和其他直接责任人员,处3年以下有期徒刑或者拘役,并处或者单处罚金;数额巨大的,处3年以上7年以下有期徒刑,并处罚金。

■■【立案标准】

《最高人民检察院关于人民检察院直接受理立案侦查案件立案标准的规定(试行)》(高检发释字〔1999〕2号)

一、贪污贿赂犯罪案件

(十一)私分国有资产案(第396条第1款)

私分国有资产罪是指国家机关、国有公司、企业、事业单位、人民团体,违反国家规定,以单位名义将国有资产集体私分给个人,数额较大的行为。

涉嫌私分国有资产,累计数额在10万元以上的,应予立案。

(十二)私分罚没财物案(第396条第2款)

私分罚没财物罪是指司法机关、行政执法机关违反国家规定,将应当上缴国家的罚没财物，以单位名义集体私分给个人的行为。

涉嫌私分罚没财物，累计数额在 10 万元以上，应予立案。

八、巨额财产来源不明罪、隐瞒境外存款罪

【法条原文】

《刑法》

第三百九十五条 【巨额财产来源不明罪】国家工作人员的财产、支出明显超过合法收入，差额巨大的，可以责令该国家工作人员说明来源，不能说明来源的，差额部分以非法所得论，处五年以下有期徒刑或者拘役；差额特别巨大的，处五年以上十年以下有期徒刑。财产的差额部分予以追缴。

【隐瞒境外存款罪】国家工作人员在境外的存款，应当依照国家规定申报。数额较大、隐瞒不报的，处二年以下有期徒刑或者拘役；情节较轻的，由其所在单位或者上级主管机关酌情给予行政处分。

【解读】

第 1 款是关于巨额财产来源不明罪及其处罚的规定。巨额财产来源不明罪，是指国家工作人员的财产、支出明显超过合法收入，差额巨大，本人不能说明其来源的行为。这里所说的"国家工作人员的财产"，是指国家工作人员私人所有的房屋、车辆、存款、现金、股票、生活用品等。"支出"，是指各种消费以及其他开支。"超过合法收入"，是指国家工作人员的财产、支出数额，明显超过其工资、奖金、津贴以及其他依照国家规定取得的报酬的数额。本条所规定的"不能说明来源的"，是指行为人不能说明其支出明显超过合法收入的原因以及差额巨大的财产是如何获得的。这里既包括本人拒不向调查的司法机关说明，也包括"说明"的内容经调查证明是虚假的情况。

本罪是兜底条款，在清查、核实行为人的财产来源时，司法机关应当尽量查清其财产是通过何种非法方式取得的，如果能够查清其财产是以贪污、受贿或者其他犯罪方法取得的，应当按照贪污、

受贿或者其他犯罪追究刑事责任。只有在确实无法查清其巨额财产非法来源，本人又不能说明的情况下，才应按巨额财产来源不明罪进行追究。

注意：如果能说明来源，来源属于一般违法则只能以一般违法进行政或纪律处罚，有不构成本罪。

第2款是关于隐瞒境外存款罪的规定。国家工作人员按照规定申报境外存款，也是国家工作人员财产申报制度的要求，是国家工作人员的义务。境外存款数额较大，隐瞒不报的，是一种严重的不履行义务的行为。隐瞒境外存款罪是指国家工作人员隐瞒在境外的存款，不按照国家规定申报，并且数额较大的行为。

■【立案标准】

《最高人民检察院关于人民检察院直接受理立案侦查案件立案标准的规定（试行）》（高检发释字〔1999〕2号）

一、贪污贿赂犯罪案件

（九）巨额财产来源不明案（第395条第1款）

巨额财产来源不明罪是指国家工作人员的财产或者支出明显超出合法收入，差额巨大，而本人又不能说明其来源是合法的行为。

涉嫌巨额财产来源不明，数额在30万元以上的，应予立案。

（十）隐瞒境外存款案（第395条第2款）

隐瞒境外存款罪是指国家工作人员违反国家规定，故意隐瞒不报在境外的存款，数额较大的行为。

涉嫌隐瞒境外存款，折合人民币数额在30万元以上的，应予立案。

第九章　渎职罪解读

CHAPTER 09

一、渎职罪的重点罪名

【滥用职权罪、 玩忽职守罪】

【法条原文】

《刑法》

第三百九十七条　【滥用职权罪】【玩忽职守罪】国家机关工作人员滥用职权或者玩忽职守，致使公共财产、国家和人民利益遭受重大损失的，处三年以下有期徒刑或者拘役；情节特别严重的，处三年以上七年以下有期徒刑。本法另有规定的，依照规定。

国家机关工作人员徇私舞弊，犯前款罪的，处五年以下有期徒刑或者拘役；情节特别严重的，处五年以上十年以下有期徒刑。本法另有规定的，依照规定。

【解读】

第1款是关于滥用职权罪和玩忽职守罪及其处罚的规定。本条所称的"滥用职权罪"，是指国家机关工作人员超越职权，违法决定、处理其无权决定、处理的事项，或者违反规定处理公务，致使公共财产、国家和人民利益遭受重大损失的犯罪。"玩忽职守罪"，是指国家机关工作人员严重不负责任，不履行或者不认真履行其职责，致使公共财产、国家和人民利益遭受重大损失的犯罪。滥用职权行为和玩忽职守行为是渎职犯罪中最典型的两种行为，两种行为的构成要件，除客观方面不一样以外，其他均相同，在实践中正确

认定和区分这两种犯罪具有重要意义。滥用职权罪和玩忽职守罪具
有以下共同特征：

1. 滥用职权罪和玩忽职守罪侵犯的客体均是国家机关的正常管
理活动。两罪所侵犯的主要客体是国家机关的正常管理活动。从其
引起的后果看可能侵犯了公民的人身权利，引起人身伤亡，或者使
公共财产、国家和人民财产遭受重大损失，但这些都属于这两种罪
的社会危害性的客观表现，其本质仍然属于侵犯了国家机关的正常
管理活动。

2. 两罪的犯罪主体均为国家机关工作人员。这里所称"国家机
关工作人员"，是指在国家机关中从事公务的人员。"国家机关"，是
指国家权力机关、行政机关、司法机关、军事机关。根据《全国人
民代表大会常务委员会关于〈中华人民共和国刑法〉第九章渎职罪
主体适用问题的解释》规定，下列人员在代表国家机关行使职权时，
有渎职行为构成犯罪的，也依照刑法关于渎职罪的规定追究刑事责
任：（1）在依照法律、法规规定行使国家行政管理职权的组织中从
事公务的人员；（2）在受国家机关委托，代表国家机关行使职权的
组织中从事公务的人员；（3）虽未列入国家机关人员编制但在国家
机关中从事公务的人员。

3. 滥用职权和玩忽职守的行为只有"致使公共财产、国家和人
民利益遭受重大损失"的，才能构成犯罪。是否造成"重大损失"
是区分罪与非罪的重要标准，未造成重大损失的，属于一般工作过
失的渎职行为，可以由有关部门给予批评教育或者行政处分。

两罪在客观方面有明显的不同：滥用职权罪客观方面表现为违
反或者超越法律规定的权限和程序而使用手中的职权，致使公共财
产、国家和人民利益遭受重大损失的行为。滥用职权的行为，必须
是行为人手中有"权"，并且滥用权力与危害结果有直接的因果关
系，如果行为人手中并无此权力，或者虽然有权力但行使权力与危
害结果没有直接的因果关系，则不能构成本罪，而应当按照其他规
定处理。玩忽职守罪客观方面表现为不履行、不正确履行或者放弃
履行职责，致使公共财产、国家和人民利益遭受重大损失的行为。
玩忽职守的行为，必须是违反国家的工作纪律和规章制度的行为，

通常表现是工作马虎草率，极端不负责任；或是放弃职守，对自己应当负责的工作撒手不管，等等。

本款还规定，"本法另有规定的，依照规定"，这是指除本条的一般规定外，刑法规定的其他犯罪中也有滥用职权和玩忽职守的情况，对于本法另有特别规定的，一律适用特别规定，而不按本条定罪处罚。例如，《刑法》第 403 条关于国家有关主管部门的国家机关工作人员，对不符合法律规定条件的公司设立、登记申请或者股票、债券发行、上市申请，予以批准或者登记的滥用职权的规定；第 400 条第 2 款关于司法工作人员由于玩忽职守的行为，致使在押的犯罪嫌疑人、被告人或者罪犯脱逃的规定，等等。

第 2 款是关于国家机关工作人员徇私舞弊，犯第 1 款罪如何处罚的规定。国家机关工作人员担负着管理国家事务的职责，必须秉公守法，任何徇私舞弊的行为都应当予以惩处。这里的"徇私舞弊"，是指为徇个人私利或者亲友私情的行为。由于这种行为是从个人利益出发，置国家利益于不顾，所以主观恶性要比第 1 款的规定严重，所以本款规定了较重的处罚。另外，本款同时也规定了"本法另有规定的，依照规定"，对此理解也应与第 1 款的理解相同。

本条是《刑法》第九章"渎职罪"中关于国家机关工作人员滥用职权、玩忽职守罪的一般性规定。本章其他关于特定国家机关工作人员滥用职权、玩忽职守的专门规定，与本条是一般规定与特殊规定的关系。其他条款已经作了专门规定的，应当使用该特别规定；对刑法没有作出专门规定的国家机关工作人员滥用职权、玩忽职守的犯罪，应当依照本条的规定追究。需要明确的是，1979 年《刑法》规定了玩忽职守罪，主体是国家工作人员。随着改革开放的不断深入和国家管理体制的变化，国有企事业单位和国家机关的职能在法律及制度上已明显区分，体现在刑法上，有必要将国有企事业单位工作人员的玩忽职守、滥用职权的犯罪行为与国家机关工作人员的玩忽职守、滥用职权犯罪行为进行区分。1997 年《刑法》修订时，将渎职罪的犯罪主体限制在国家机关工作人员，对国有公司、企事业单位工作人员的玩忽职守、滥用职权的犯罪行为，分别在其他有关章节中作了规定。使得法律责任及其处罚的分类更加科学合理，便于执行。

二、渎职罪其他罪名简介

1. 【故意泄露国家秘密罪】【过失泄露国家秘密罪】

《刑法》第三百九十八条　国家机关工作人员违反保守国家秘密法的规定，故意或者过失泄露国家秘密，情节严重的，处三年以下有期徒刑或者拘役；情节特别严重的，处三年以上七年以下有期徒刑。

非国家机关工作人员犯前款罪的，依照前款的规定酌情处罚。

2. 【徇私枉法罪】【民事、行政枉法裁判罪】【执行判决、裁定失职罪】【执行判决、裁定滥用职权罪】

《刑法》第三百九十九条　司法工作人员徇私枉法、徇情枉法，对明知是无罪的人而使他受追诉、对明知是有罪的人而故意包庇不使他受追诉，或者在刑事审判活动中故意违背事实和法律作枉法裁判的，处五年以下有期徒刑或者拘役；情节严重的，处五年以上十年以下有期徒刑；情节特别严重的，处十年以上有期徒刑。

在民事、行政审判活动中故意违背事实和法律作枉法裁判，情节严重的，处五年以下有期徒刑或者拘役；情节特别严重的，处五年以上十年以下有期徒刑。

在执行判决、裁定活动中，严重不负责任或者滥用职权，不依法采取诉讼保全措施、不履行法定执行职责，或者违法采取诉讼保全措施、强制执行措施，致使当事人或者其他人的利益遭受重大损失的，处五年以下有期徒刑或者拘役；致使当事人或者其他人的利益遭受特别重大损失的，处五年以上十年以下有期徒刑。

司法工作人员收受贿赂，有前三款行为的，同时又构成本法第三百八十五条规定之罪的，依照处罚较重的规定定罪处罚。

3. 【枉法仲裁罪】

《刑法》第三百九十九条之一　依法承担仲裁职责的人员，在仲裁活动中故意违背事实和法律作枉法裁决，情节严重的，处三年以下有期徒刑或者拘役；情节特别严重的，处三年以上七年以下有期徒刑。

4. 【私放在押人员罪】【失职致使在押人员脱逃罪】

《刑法》第四百条 司法工作人员私放在押的犯罪嫌疑人、被告人或者罪犯的，处五年以下有期徒刑或者拘役；情节严重的，处五年以上十年以下有期徒刑；情节特别严重的，处十年以上有期徒刑。

司法工作人员由于严重不负责任，致使在押的犯罪嫌疑人、被告人或者罪犯脱逃，造成严重后果的，处三年以下有期徒刑或者拘役；造成特别严重后果的，处三年以上十年以下有期徒刑。

5. 【徇私舞弊减刑、假释、暂予监外执行罪】

《刑法》第四百零一条 司法工作人员徇私舞弊，对不符合减刑、假释、暂予监外执行条件的罪犯，予以减刑、假释或者暂予监外执行的，处三年以下有期徒刑或者拘役；情节严重的，处三年以上七年以下有期徒刑。

6. 【徇私舞弊不移交刑事案件罪】

《刑法》第四百零二条 行政执法人员徇私舞弊，对依法应当移交司法机关追究刑事责任的不移交，情节严重的，处三年以下有期徒刑或者拘役；造成严重后果的，处三年以上七年以下有期徒刑。

7. 【滥用管理公司、证券职权罪】

《刑法》第四百零三条 国家有关主管部门的国家机关工作人员，徇私舞弊，滥用职权，对不符合法律规定条件的公司设立、登记申请或者股票、债券发行、上市申请，予以批准或者登记，致使公共财产、国家和人民利益遭受重大损失的，处五年以下有期徒刑或者拘役。

上级部门强令登记机关及其工作人员实施前款行为的，对其直接负责的主管人员，依照前款的规定处罚。

8. 【徇私舞弊不征、少征税款罪】

《刑法》第四百零四条 税务机关的工作人员徇私舞弊，不征或者少征应征税款，致使国家税收遭受重大损失的，处五年以下有期徒刑或者拘役；造成特别重大损失的，处五年以上有期徒刑。

9. 【徇私舞弊发售发票、抵扣税款、出口退税罪】【违法提供出口退税证罪】

《刑法》第四百零五条 税务机关的工作人员违反法律、行政法规的规定，在办理发售发票、抵扣税款、出口退税工作中，徇私舞弊，致使国家利益遭受重大损失的，处五年以下有期徒刑或者拘役；致使国家利益遭受特别重大损失的，处五年以上有期徒刑。

其他国家机关工作人员违反国家规定，在提供出口货物报关单、出口收汇核销单等出口退税凭证的工作中，徇私舞弊，致使国家利益遭受重大损失的，依照前款的规定处罚。

10. 【国家机关工作人员签订、履行合同失职被骗罪】

《刑法》第四百零六条　国家机关工作人员在签订、履行合同过程中，因严重不负责任被诈骗，致使国家利益遭受重大损失的，处三年以下有期徒刑或者拘役；致使国家利益遭受特别重大损失的，处三年以上七年以下有期徒刑。

11. 【违法发放林木采伐许可证罪】

《刑法》第四百零七条　林业主管部门的工作人员违反森林法的规定，超过批准的年采伐限额发放林木采伐许可证或者违反规定滥发林木采伐许可证，情节严重，致使森林遭受严重破坏的，处三年以下有期徒刑或者拘役。

12. 【环境监管失职罪】

《刑法》第四百零八条　负有环境保护监督管理职责的国家机关工作人员严重不负责任，导致发生重大环境污染事故，致使公私财产遭受重大损失或者造成人身伤亡的严重后果的，处三年以下有期徒刑或者拘役。

13. 【食品监管渎职罪】

《刑法》第四百零八条之一　负有食品药品安全监督管理职责的国家机关工作人员，滥用职权或者玩忽职守，有下列情形之一，造成严重后果或者有其他严重情节的，处五年以下有期徒刑或者拘役；造成特别严重后果或者有其他特别严重情节的，处五年以上十年以下有期徒刑：

（一）瞒报、谎报食品安全事故、药品安全事件的；

（二）对发现的严重食品药品安全违法行为未按规定查处的；

（三）在药品和特殊食品审批审评过程中，对不符合条件的申请准予许可的；

（四）依法应当移交司法机关追究刑事责任不移交的；

（五）有其他滥用职权或者玩忽职守行为的。

徇私舞弊犯前款罪的，从重处罚。

14. **【传染病防治失职罪】**

《刑法》第四百零九条　从事传染病防治的政府卫生行政部门的工作人员严重不负责任，导致传染病传播或者流行，情节严重的，处三年以下有期徒刑或者拘役。

15. **【非法批准征收、征用、占用土地罪】【非法低价出让国有土地使用权罪】**

《刑法》第四百一十条　国家机关工作人员徇私舞弊，违反土地管理法规，滥用职权，非法批准征收、征用、占用土地，或者非法低价出让国有土地使用权，情节严重的，处三年以下有期徒刑或者拘役；致使国家或者集体利益遭受特别重大损失的，处三年以上七年以下有期徒刑。

16. **【放纵走私罪】**

《刑法》第四百一十一条　海关工作人员徇私舞弊，放纵走私，情节严重的，处五年以下有期徒刑或者拘役；情节特别严重的，处五年以上有期徒刑。

17. **【商检徇私舞弊罪】【商检失职罪】**

《刑法》第四百一十二条　国家商检部门、商检机构的工作人员徇私舞弊，伪造检验结果的，处五年以下有期徒刑或者拘役；造成严重后果的，处五年以上十年以下有期徒刑。

前款所列人员严重不负责任，对应当检验的物品不检验，或者延误检验出证、错误出证，致使国家利益遭受重大损失的，处三年以下有期徒刑或者拘役。

18. **【动植物检疫徇私舞弊罪】【动植物检疫失职罪】**

《刑法》第四百一十三条　动植物检疫机关的检疫人员徇私舞弊，伪造检疫结果的，处五年以下有期徒刑或者拘役；造成严重后果的，处五年以上十年以下有期徒刑。

前款所列人员严重不负责任，对应当检疫的检疫物不检疫，或者延误检疫出证、错误出证，致使国家利益遭受重大损失的，处三年以下有期徒刑或者拘役。

19.【放纵制售伪劣商品犯罪行为罪】

《刑法》第四百一十四条　对生产、销售伪劣商品犯罪行为负有追究责任的国家机关工作人员，徇私舞弊，不履行法律规定的追究职责，情节严重的，处五年以下有期徒刑或者拘役。

20.【办理偷越国（边）境人员出入境证件罪】【放行偷越国（边）境人员罪】

《刑法》第四百一十五条　负责办理护照、签证以及其他出入境证件的国家机关工作人员，对明知是企图偷越国（边）境的人员，予以办理出入境证件的，或者边防、海关等国家机关工作人员，对明知是偷越国（边）境的人员，予以放行的，处三年以下有期徒刑或者拘役；情节严重的，处三年以上七年以下有期徒刑。

21.【不解救被拐卖、绑架妇女、儿童罪】【阻碍解救被拐卖、绑架妇女、儿童罪】

《刑法》第四百一十六条　对被拐卖、绑架的妇女、儿童负有解救职责的国家机关工作人员，接到被拐卖、绑架的妇女、儿童及其家属的解救要求或者接到其他人的举报，而对被拐卖、绑架的妇女、儿童不进行解救，造成严重后果的，处五年以下有期徒刑或者拘役。

负有解救职责的国家机关工作人员利用职务阻碍解救的，处二年以上七年以下有期徒刑；情节较轻的，处二年以下有期徒刑或者拘役。

22.【帮助犯罪分子逃避处罚罪】

《刑法》第四百一十七条　有查禁犯罪活动职责的国家机关工作人员，向犯罪分子通风报信、提供便利，帮助犯罪分子逃避处罚的，处三年以下有期徒刑或者拘役；情节严重的，处三年以上十年以下有期徒刑。

23.【招收公务员、学生徇私舞弊罪】

《刑法》第四百一十八条　国家机关工作人员在招收公务员、学生工作中徇私舞弊，情节严重的，处三年以下有期徒刑或者拘役。

24.【失职造成珍贵文物损毁、流失罪】

《刑法》第四百一十九条　国家机关工作人员严重不负责任，造成珍贵文物损毁或者流失，后果严重的，处三年以下有期徒刑或者拘役。

<table>
<tr><td>第十章
CHAPTER 10</td><td>职务犯罪线索与初查</td></tr>
</table>

一、监察线索及处置

1. 检举控告

监察机关的信访举报部门负责受理本级监察机关管辖监察对象涉嫌职务违法和职务犯罪问题的检举控告，统一接收有关监察机关以及其他单位移送的相关检举控告，移交本机关监督检查部门或者相关部门，并将移交情况通报案件监督管理部门。监察机关对于报案或者举报应当依法接受。属于本级监察机关管辖的，依法予以受理；属于其他监察机关管辖的，应当在 5 个工作日内予以转送。

检举控告人使用本人真实姓名或者本单位名称，有电话等具体联系方式的，属于实名检举控告。监察机关对实名检举控告优先办理、优先处置，依法给予答复。虽有署名但不是检举控告人真实姓名（单位名称）或者无法验证的检举控告，按照匿名检举控告处理。

信访举报部门对属于本机关受理的实名检举控告，应当在收到检举控告之日起 15 个工作日内按规定告知实名检举控告人受理情况，并做好记录。调查人员应当将实名检举控告的处理结果在办结之日起 15 个工作日内向检举控告人反馈，并记录反馈情况。对检举控告人提出异议的应当如实记录，并向其进行说明；对提供新证据材料的，应当依法核查处理。

监察机关可以向下级监察机关发函交办检举控告，并进行督办。

2. 其他部门移送线索

监察机关的案件监督管理部门统一接收巡视巡察机构和审计机关、执法机关、司法机关等其他机关移送的职务违法和职务犯罪问题线索，按程序移交本机关监督检查部门或者相关部门办理。

监察机关对于执法机关、司法机关等其他机关移送的问题线索，应当及时审核，作出处理。本单位有管辖权的，及时研究提出处置意见；本单位没有管辖权但其他监察机关有管辖权的，在5个工作日内转送有管辖权的监察机关；本单位对部分问题线索有管辖权的，对有管辖权的部分提出处置意见，并及时将其他问题线索转送有管辖权的机关；监察机关没有管辖权的，及时退回移送机关。

3. 工作中发现线索

监察机关的监督检查部门、调查部门在工作中发现的相关问题线索，属于本部门受理范围的，应当报送案件监督管理部门备案；属于本机关其他部门受理范围的，经审批后移交案件监督管理部门分办。

4. 接受主动投案

监察机关对于涉嫌职务违法或者职务犯罪的公职人员主动投案的，应当依法接待和办理。

对于以上线索，案件监督管理部门实行集中管理、动态更新、定期汇总、核对问题线索及处置情况，向监察机关主要负责人报告，并向相关部门通报。监督检查部门结合问题线索所涉及地区、部门、单位总体情况进行综合分析，提出处置意见并制定处置方案，经审批按照谈话、函询、初步核实、暂存待查、予以了结等方式进行处置，或者按照职责移送调查部门处置。

函询以监察机关办公厅（室）名义发函给被反映人，并抄送其所在单位和派驻监察机构主要负责人。被函询人需要在收到函件后15个工作日内写出说明材料，由其所在单位主要负责人签署意见后发函回复。被函询人为所在单位主要负责人的，或者被函询人所作说明涉及所在单位主要负责人的，应当直接发函回复监察机关。

监察机关根据工作需要，经审批可以对谈话、函询情况进行核实。

二、初步核实

监察机关对以上线索进行分类，采取初步核实方式处置问题线索，对具有可查性的职务违法和职务犯罪问题线索，按规定报批后，成立核查组，确定初步核实对象，制定工作方案，明确需要核实的问题和采取的措施，依法开展初步核实工作。在初步核实中发现或受理被核查人新的具有可查性的问题线索的，经审批纳入原初核方案开展核查。

初步核实应当遵循的原则与技巧：

1. 先秘密后公开

初步核实阶段调查人员通常是先进行秘密调查，有关证据得到核实，立案以后才会转向公开调查。这是为了有效保障不过早地暴露案件的目标，防止被查对象串供，也能够防止对无罪的人因初步核实造成负面影响。因此采取不暴露初步核实对象和不暴露初步核实内容的秘密方式。调查人员往往会采用声东击西的方式，在调查的问题或调查对象之外找几个其他问题或对象掺杂其中，将这些问题或事件混同在一起，以达到其既能隐蔽意图又能提取或核实证据的目的。

2. 从外围入手

先外后内不让被调查对象察觉，能够有效且隐蔽地进行初步核实，避免打草惊蛇。尤其在有多条线索时，防止被调查对象串供、毁灭证据。同时先外后内的秘密核查也避免了无辜人员受到负面影响。

3. 从弱点突破

调查人员一般会选择案件容易暴露的弱点作为突破口，取得证据，核实有关事实和线索。调查人员找到案件的弱点就等于找到了突破口。而案件的"弱点"不易被被调查对象重视，成功的把握比较大，还能暴露出被调查对象或其他涉案人员的弱点。

4. 逐级向上

在涉及公职人员的案件中，被调查的对象往往而是单位的主要领导或有一定级别的领导以及掌握一定权力的实权人员。其秘书、司机和财务人员等关键岗位人员一般是其亲信，充当助手或共犯。这些人员更容易被突破，而这些人员往往会协助被调查人伪造或隐藏、毁灭证据，殊不知这些反调查行为会暴露更多的漏洞。

5. 投石问路

有时,调查人员往往会故意释放出一些信息,来观察被调查者的动向。比如,故意表示出例行公事地走一下过场,释放出不会太认真的信息,使被查者放松警惕,暴露弱点。有时针对某一问题或某个人调查取证后,就会有许多"好事者"露头。例如在某案件中,调查某公司财务人员时,故意释放出财务人员有一个"行贿的笔记本"的信息,上面详细记载了受贿人员的名字和金额,现正在查找这个笔记本。这个消息传出后,几天时间里,多个重量级领导打电话"询问"笔记本找到了没有,其中就有被查对象。

6. 从支线入手

根据案件本身的特点,先从细枝末节开始进行初步核实,然后再进入主干问题的调查。在涉及职务违纪违法行为案件中,案件的枝节问题比较容易暴露,很多时候职务违纪违法行为案件的事发,也是由枝节问题引起的。

7. 取证优先

职务违纪违法行为案件的特点就是证据难,有的案件甚至无法提取到有效证据。调查人员会先取那些浮出水面的、容易提取的证据,比如,银行记录、现金往来汇款凭证,工程项目的审批记录等。还有对那些容易灭失的证据会迅速提取,防止证据灭失影响案件的成立。对那些难取的证据,在初步核实阶段提取有一定难度的,不能及时提取的,会在立案以后重点解决。

8. 从最近时间开始

根据职务违法违纪行为的特点,调查人员会根据时间按照先近后远的原则进行调查。时间越近人的记忆就越准确,时间越近证据的真实性就越容易得到证明,从证人证言、物证、书证提取的简易程度来看,近期发生的案件要比远期发生的案件容易得多。

9. 调查的范围

职务违法违纪案件调查的范围主要有五个方面即"五子",一是"位子",即围绕着其职务的范围、作用、关系、职责、功绩等方面进行;二是"房子",即家庭财产的位置、来源、数量、质量相关等情况;三是"儿子",即子女的个人情况、工作、婚姻、学习、生活等；四是"票子"，即个人存款，有时候领导干部的存款是空白，在搜查的时候甚至连基本的生活费都没有，这是不正常的，是要深入调查的；五是"车子"，即车子的品牌、型号、来源、使用、数量等，这些大宗物品是否是自己购买的等。

核查组在初步核实工作结束后应当撰写初步核实情况报告，列明被核查人基本情况、反映的主要问题、办理依据、初步核实结果、存在疑点及处理建议，由全体人员签名备查。承办部门应当综合分析初步核实情况，按照拟立案调查、予以了结、谈话提醒、暂存待查，或者移送有关部门、机关处理等方式提出处置建议，按照批准初步核实的程序报批。

三、初查预知

任何风险来临前必然有其征兆，只不过作为当事者没有注意或者无法阻挡而已。公职人员应在预知风险后做好必要的心理准备，正确应对风险是明智之举。

1. 突然调离岗位

公职人员若突然被调离工作岗位，而自己不知道，也想不出合理的理由，大概率是有可能要被调查。这种情况在掌握实权的领导干部中最为突出，其次是在其他岗位如财务等部门。采取这种办法一方面是保证被调查对象所领导的工作仍可以正常进行，更重要的是排除办案过程中不必要的干扰。往往是将被调查对象由实权岗位调到非实权岗位，甚至是虚职，也有可能是明升暗降，解除其对抗调查的实力。

2. 关系密切的领导落马

公职人员的直接领导或者关系密切的曾经的领导落马，也是明显的征兆。领导提拔和重用的下属在一定程度上必然对领导言听计从，更有可能形成某种利益共同体。与领导关系密切的下属往往对领导的所有事情更清楚。办案部门往往也需要从外围调查入手，搜集案件材料。

3. 相关人员被调查

除了以上的人事变动，当社会上出现某些产生重大影响的事件引起了中央或地方政府的重视，要启动相关追责程序，那么必然要调查相关人员。因此，相关事件的人员被调查也是征兆之一。比如，孙小果案件被媒体曝光后，与孙小果案件相关人员，如涉及审判、服刑减刑的相关人员相继都被带走调查。其他如矿难事件、火灾事件等相关人员也都会依次被调查。

4. 相关证据被调取

与某案件或事件相关的证据材料被调走，也预示着接下来与这些材料相关的人员会被调查。包括证据材料的搜集人员、形成人员、保管人员以及证据材料里直接记载的人员等。

5. 不当的应对方式

对于可能面临的调查，采取不当的应对方式不但不能解决问题，还可能会使情况更加糟糕。例如，有人选择逃跑。在当今科学技术和刑事侦查手段下，在国内就没有能成功逃脱的先例。即使逃到国外，国家根据案件重要程度也会发布不同级别的通缉令。还有人会订立攻守同盟，但这也是不可靠的。在强大的政策攻势下，订立攻守同盟的相关人员会选择自己率先招供而获得立功或坦白的机会，谋求从轻处理。还有人一心相信级别更高的领导、朋友等所谓的人脉关系。无数事实证明，人脉关系在一些小事上可能奏效，一旦涉及刑事责任的，躲还来不及，所有人都趋利避害，唯恐波及自己。

根据多年办案经验，笔者给大家提出一些经验教训：不要撒谎；不要毁灭证据；不要指望靠保密协议掩盖罪行；不要在调查过程中再犯罪；不要制作书面文件还经过层层审批来贯彻有组织犯罪的策略。

四、投案自首，争取从宽处罚

1. 投案自首，认罪认罚

对于确实构成犯罪的公职人员，应当争取投案自首，并认罪认罚，创造从轻处罚的情节，获得相对较轻的处罚。

我们党始终坚持"惩前毖后、治病救人"的方针，既依规依纪依法严肃查处腐败分子，又充分运用政策策略教育挽救干部；对待犯了错误的干部，历来也反对搞残酷斗争、无情打击，而是既看事实、又看态度。《中国共产党纪律处分条例》第 16 条明确规定，主动交代本人应当受到党纪处分的问题的，可以从轻或者减轻处分。

《监察法》第 31 条规定，涉嫌职务犯罪的被调查人主动认罪认罚，自动投案，真诚悔罪悔过的；积极配合调查工作，如实供述监察机关还未掌握的违法犯罪行为的；积极退赃，减少损失的；具有重大立功表现或者案件涉及国家重大利益等情形的。监察机关经领导人员集体研究，并报上一级监察机关批准，可以在移送人民检察院时提出从宽处罚的建议。第 32 条规定："职务违法犯罪的涉案人员揭发有关被调查人职务违法犯罪行为，查证属实的，或者提供重要线索，有助于调查其他案件的，监察机关经领导人员集体研究，并报上一级监察机关批准，可以在移送人民检察院时提出从宽处罚的建议。"《监察法实施条例》规定，上级监察机关由相关监督检查部门负责审查工作。重点审核拟认定的从宽处罚情形、提出的从宽处罚建议，经审批在 15 个工作日内作出批复。

认罪认罚从宽制度是指犯罪嫌疑人、被告人自愿如实供述自己的犯罪，对于指控犯罪事实没有异议，同意检察机关的量刑意见并签署具结书的案件，可以依法从宽处理。

从宽分为实体上从宽和程序上从简两方面。对认罪认罚案件，属于基层人民法院所管辖的可能判处 3 年以下有期徒刑的案件，被告人认罪认罚可以适用速裁程序进行审判。对于基层人民法院管辖可能判处 3 年以上有期徒刑刑罚的案件，可以适用简易程序。在审理当中，被告人对程序适用提出异议的，或者有其他不宜简化审理情形的，人民法院依法转为普通程序进行审理。这是程序上的从宽。

实体上的从宽是指，检察机关根据犯罪事实和对社会危害程度以及认罪认罚的情况，依法提出从宽处罚的量刑建议，人民法院在作出判决时一般应采纳人民检察院指控的罪名和量刑建议，但是如果被告人不构成犯罪，或者不应当追究刑事责任，或者违背意愿认罪认罚，否认指控犯罪事实，或者指控的罪名跟人民法院审理的罪名不一致，以及有其他可能影响公正审判情形的除外。

认罪认罚从宽制度是修改后的刑事诉讼法确立的一项重要制度，是在立法和司法领域推进国家治理体系和治理能力现代化的重大举措。目的是通过对认罪认罚的犯罪嫌疑人、被告人依法给予程序上从简或者实体上从宽的处理，实现有效惩治犯罪、强化人权司法保障、提升诉讼效率、化解社会矛盾、减少社会对抗、促进社会和谐。

2. 自动投案，真诚悔罪的认定

根据《监察法实施条例》的规定，有下列情形之一的，可以认定为自动投案，真诚悔罪悔过：

（1）职务犯罪问题未被监察机关掌握，向监察机关投案，如实交代自己主要犯罪事实的；

（2）在监察机关谈话函询过程中，如实交代监察机关未掌握的涉嫌职务犯罪问题的；

（3）在初步核实阶段，尚未受到监察机关谈话时投案的；

（4）职务犯罪问题虽被监察机关立案，但尚未受到讯问或者采取留置措施，向监察机关投案的；

（5）因伤病等客观原因无法前往投案，先委托他人代为表达投案意愿，或者以书信、网络、电话、传真等方式表达投案意愿，后到监察机关接受处理的；

（6）涉嫌职务犯罪潜逃后又投案，包括在被通缉、抓捕过程中投案的；

（7）经查实确已准备去投案，或者正在投案途中被有关机关抓获的；

（8）经他人规劝或者在他人陪同下投案的；

（9）虽未向监察机关投案，但向其所在党组织、单位或者有关负责人员投案，向有关巡视巡察机构投案，以及向公安机关、人民检察院、人民法院投案的；

（10）具有其他应当视为自动投案的情形的。

可以看出，以上"自动投案，真诚悔罪"前八种情况与《刑事诉讼法》及司法解释的自首（投案自首，如实供述）基本保持一致，第九种更进一步明确了向其他组织、单位及其他司法机关投案也属于自动投案，是一种进步。第十种是兜底条款，说明还包括以上未列举的其他情形。

2. 积极配合调查工作，如实供述监察机关还未掌握的违法犯罪
　　行为的认定

根据《监察法实施条例》的规定，有下列情形之一的，可以认定为积极配合调查工作，如实供述监察机关还未掌握的违法犯罪行为：

（1）监察机关所掌握线索针对的犯罪事实不成立，在此范围外被调查人主动交代其他罪行的；

（2）主动交代监察机关尚未掌握的犯罪事实，与监察机关已掌握的犯罪事实属不同种罪行的；

（3）主动交代监察机关尚未掌握的犯罪事实，与监察机关已掌握的犯罪事实属同种罪行的；

（4）监察机关掌握的证据不充分，被调查人如实交代有助于收集定案证据的。

前款所称同种罪行和不同种罪行，一般以罪名区分。被调查人如实供述其他罪行的罪名与监察机关已掌握犯罪的罪名不同，但属选择性罪名或者在法律、事实上密切关联的，应认定为同种罪行。

以上规定，与《刑事诉讼法》中规定的特殊情况下的自首一致，更先进的是第三种情况在《刑事诉讼法》及相关司法解释中是不能被认定自首的（但可以量刑上考虑），这里也列为可以从宽的条件之一；第四种情况是创新的，《刑事诉讼法》及相关司法解释没有明确规定。

3. 积极退赃，减少损失的认定

根据《监察法实施条例》的规定，有下列情形之一的，可以认定为积极退赃，减少损失：

（1）全额退赃的；

（2）退赃能力不足，但被调查人及其亲友在监察机关追缴赃款赃物过程中积极配合，且大部分已追缴到位的；

（3）犯罪后主动采取措施避免损失发生，或者积极采取有效措施减少、挽回大部分损失的。

4. 具有重大立功表现或者案件涉及国家重大利益等情形的认定

根据《监察法实施条例》的规定，有下列情形之一的，可以认

定为有重大立功表现：

（1）检举揭发他人重大犯罪行为且经查证属实的；

（2）提供调查其他重大案件的重要线索且经查证属实的；

（3）阻止他人重大犯罪活动的；

（4）协助抓捕其他重大职务犯罪案件被调查人、重大犯罪嫌疑人（包括同案犯）的；

（5）为国家挽回重大损失等对国家和社会有其他重大贡献的。

前款所称重大犯罪一般是指依法可能被判处无期徒刑以上刑罚的犯罪行为；重大案件一般是指在本省、自治区、直辖市或者全国范围内有较大影响的案件；查证属实一般是指有关案件已被监察机关或者司法机关立案调查、侦查，被调查人、犯罪嫌疑人被监察机关采取留置措施或者被司法机关采取强制措施，或者被告人被人民法院作出有罪判决，并结合案件事实、证据进行判断。

案件涉及国家重大利益，是指案件涉及国家主权和领土完整、国家安全、外交、社会稳定及经济发展等情形。

5. 揭发有关被调查人职务违法犯罪行为，查证属实或者提供重要线索，有助于调查其他案件的认定

根据《监察法实施条例》的规定，有下列情形之一的可以认定为揭发有关被调查人职务违法犯罪行为，查证属实或者提供重要线索，有助于调查其他案件：

（1）揭发所涉案件以外的被调查人一般或者重大职务犯罪行为，经查证属实的；

（2）提供的重要线索指向具体的职务犯罪事实，对调查其他案件起到实质性推动作用的；

（3）提供的重要线索有助于加快其他案件办理进度，或者对其他案件固定关键证据、挽回损失、追逃追赃等起到积极作用的。

6. 自动投案的实施情况

现实中，2018 年以艾某礼为首的多人主动投案，获得了较轻的处罚。2018 年 7 月 31 日，河北省政协原副主席艾某礼涉嫌严重违纪违法，投案自首，接受国家监察部门的纪律审查和监察调查。2019年 4 月 8 日，江苏省苏州市中级人民法院公开宣判河北省政协原副

主席艾某礼受贿案，认定直接或者通过特定关系人受贿折合人民币6478万余元，对艾某礼以受贿罪判处有期徒刑8年，并处罚金人民币300万元；受贿所得财物及其孳息予以追缴，上缴国库。艾某礼当庭表示服从判决，不上诉。其被轻判的理由有三：

第一，艾某礼犯罪以后主动投案，如实供述自己的罪行，系自首。根据《刑法》，对自首的犯罪分子，可以从轻或者减轻处罚。

第二，艾某礼在提起公诉前如实供述自己罪行、真诚悔罪、积极退赃，避免、减少损害结果的发生，案发后赃款赃物及其孳息已全部退缴并被查封、扣押在案。根据《刑法》，可以从轻处罚。

第三，艾某礼自愿如实供述自己的罪行，承认指控的犯罪事实，愿意接受检察机关提出的减轻处罚量刑建议，并在律师见证下签署了认罪认罚具结书。根据《刑事诉讼法》，可以依法从宽处理。

根据《监察法》第31条规定，涉嫌职务犯罪的被调查人，自动投案，真诚悔罪悔过的，监察机关经领导人员集体研究，并报上一级监察机关批准，可以在移送人民检察院时提出从宽处罚的建议。

与艾某礼同为河北省委常委的其他人相比，可以看出艾某礼因主动投案获得了较轻的判决。如，省委书记周某顺受贿4002万余元，判处有期徒刑15年；省委常委、常务副省长杨某勇受贿2.06亿余元，判处无期徒刑，剥夺政治权利终身，并处没收个人全部财产；省委常委、组织部部长梁某受贿557万余元，判处有期徒刑8年；省委常委、政法委书记张某受贿1.58亿元，判处有期徒刑15年；省委常委、秘书长景某华受贿6054万余元、对共计折合人民币8635万余元的财产不能说明来源，判处有期徒刑18年。

此前，王某运、虞某燕受贿金额与艾某礼相近，但刑期分别为12年、15年；莫某成、孙某山的受贿金额远少于艾某礼，但刑期也都在10年以上。

其他因认罪认罚被轻判的案件有：西藏自治区噶尔县重点项目管理中心主任洛某某被二审裁定犯挪用公款、受贿罪，裁定书显示，噶尔县监察委员会出具了从宽处罚的意见书，证明洛某某于2018年4月6日被监察委员会口头传唤说明情况后，如实交代涉嫌贪污的事实，同时交代监察委员会尚未掌握的受贿情况，据此根据《监察法》

第 31 条之规定，建议对洛某某予以从宽处罚。

2018 年 8 月 23 日，原四川省资阳市国土资源局综合规划科科长练某被判受贿罪，法院采纳了监察委员会建议，认为练某接到监察委员会通知后主动投案，如实供述自己的罪行，系自首，依法对其减轻处罚。

2018 年 12 月 29 日，河南省鹿邑县发改委干部滕某被判挪用公款、受贿罪。此案中，鹿邑县监察委员会出具了建议对滕某从宽处罚的说明，理由是认为被告人系重大立功，建议从宽处罚。该重大立功行为是滕某某举报了鹿邑县发改委副主任吴某某。

CHAPTER 11

职务犯罪的调查

一、立案

监察机关经过初步核实，对于已经掌握监察对象涉嫌职务违法或者职务犯罪的部分事实和证据，认为需要追究其法律责任的，按规定报批后，依法立案调查。需要对涉嫌行贿犯罪、介绍贿赂犯罪或者共同职务犯罪的涉案人员立案调查的，一并办理立案手续。

对单位涉嫌受贿、行贿等职务犯罪，需要追究法律责任的，依法对该单位办理立案调查手续。对事故（事件）中存在职务违法或者职务犯罪问题，需要追究法律责任，但相关责任人员尚不明确的，以事立案。对单位立案或者以事立案后，经调查确定相关责任人员的，按照管理权限报批确定被调查人。

批准立案后，由 2 名以上调查人员出示证件，向被调查人宣布立案决定，并及时向其所在单位等相关组织送达《立案通知书》，并向其所在单位主要负责人通报。对涉嫌严重职务违法或者职务犯罪的公职人员立案调查并采取留置措施的，按规定向社会公开发布。

二、调查

案件立案后，监察机关组成调查组依法开展调查。监察机关主要负责人依照法定程序批准确定调查方案。调查工作严格按照批准的方案执行，不得随意扩大调查范围、变更调查对象和事项，对重要事项应当及时请示报告。调查人员在调查工作期间，未经批准不得单独接触任何涉案人员及其特定关系人，不得擅自采取调查措施，不得从事与调查事项无关的活动。

调查组将调查认定的涉嫌违法犯罪事实形成书面材料，交给被调查人核对，听取其意见。被调查人在书面材料上签署意见。被调查人签署不同意见或者拒不签署意见的，调查组作出说明或者注明情况。对被调查人提出申辩的事实、理由和证据应当进行核实，成立的予以采纳。调查组对于涉嫌行贿犯罪、介绍贿赂犯罪或者共同职务犯罪的涉案人员，在查明其涉嫌的犯罪问题后，依照规定一并办理。

调查组在调查工作结束后经集体讨论，形成调查报告。调查报告列明被调查人基本情况、问题线索来源及调查依据、调查过程，涉嫌的主要职务违法或者职务犯罪事实，被调查人的态度和认识，处置建议及法律依据，并由调查组组长以及有关人员签名。对调查过程中发现的重要问题和意见建议，形成专题报告。

调查组对被调查人涉嫌职务犯罪拟依法移送人民检察院审查起诉的，按照刑事诉讼要求单独立卷，与《起诉建议书》、同步录音录像资料和涉案财物报告等材料一并移送审理。《起诉建议书》载明被调查人基本情况，调查简况，采取留置措施的时间，涉嫌职务犯罪事实以及证据，被调查人从重、从轻、减轻处罚等情节，提出对被调查人移送起诉的理由和法律依据，采取强制措施的建议，并注明移送案卷数及涉案财物等内容。

调查组制作形成被调查人到案经过及量刑情节方面的材料，包括案件来源、到案经过、自动投案、如实供述、立功等量刑情节、认罪悔罪态度、退赃、避免和减少损害结果发生等方面的情况说明和相关材料。被检举揭发的问题已被立案、查破，被检举揭发人已被采取调查措施或者刑事强制措施、起诉或者审判的，附有关法律文书。

对被调查人没有采取留置措施的，应当在立案后一年以内作出处理决定；对被调查人解除留置措施的，应当在解除留置措施后一年以内作出处理决定。案情重大复杂的案件，经上一级监察机关批准，可以适当延长，但延长期限不得超过 6 个月。被调查人在监察机关立案调查以后逃匿的，调查期限自到案之日起重新计算。

三、审理

案件审理部门受理案件后，成立由 2 人以上组成的审理组，以《监察法》《公职人员政务处分法》《刑法》《刑事诉讼法》等法律法规为准绳，对案件事实证据、性质认定、程序手续、涉案财物等进行全面审理，做到事实清楚、证据确凿、定性准确、处理恰当、程序合法、手续完备。坚持调查与审理相分离的原则，案件调查人员不得参与审理。审理工作应当在受理之日起 1 个月内完成，重大复杂案件经批准可以适当延长。

案件审理部门根据案件审理情况，经审批可以与被调查人谈话，核对其涉嫌违法犯罪事实，听取其辩解意见，了解有关情况，告知在审理阶段的权利义务。与被调查人谈话时，案件审理人员不得少于 2 人。具有下列情形之一的，应当与被调查人谈话：对被调查人采取留置措施的；可能存在以非法方法收集证据情形的；被调查人对涉嫌违法犯罪事实材料签署不同意见或者拒不签署意见的；被调查人要求向案件审理人员当面陈述的；其他有必要与被调查人进行谈话的情形。

经集体审议形成审理意见。经审理认为主要违法犯罪事实不清、证据不足的，应当经审批将案件退回承办部门重新调查。有下列情形之一，需要补充完善证据的，经审批可以退回补充调查：部分事实不清、证据不足的；遗漏违法犯罪事实的；其他需要进一步查清案件事实的情形。

案件审理部门将案件退回重新调查或者补充调查的，应当出具审核意见，写明调查事项、理由、调查方向、需补充收集的证据及其证明作用等，连同案卷材料一并送交承办部门。承办部门补充调查结束后，应当经审批将补证情况报告及相关证据材料，连同案卷材料一并移送案件审理部门；对确实无法查明的事项或者无法补充的证据，应当作出书面说明。重新调查终结后，重新形成调查报告，依法移送审理。

审理工作结束后应当形成审理报告，载明被调查人基本情况、调查简况、涉嫌违法或者犯罪事实、被调查人态度和认识、涉案财物处置、承办部门意见、审理意见等内容，提请监察机关集体审议。对被调查人涉嫌职务犯罪需要追究刑事责任的，形成《起诉意见书》，作为审理报告附件。《起诉意见书》应当忠实于事实真相，载明被调查人基本情况，调查简况，采取留置措施的时间，依法查明的犯罪事实和证据，从重、从轻、减轻处罚等情节，涉案财物情况，涉嫌罪名和法律依据，采取强制措施的建议，以及其他需要说明的情况。

四、处置

监察机关对于公职人员有职务违法行为但情节较轻的，依法进行谈话提醒、批评教育、责令检查，或者予以诫勉。对违法的公职人员依法需要给予政务处分的，根据情节轻重作出警告、记过、记大过、降级、撤职、开除的政务处分决定。对不履行或者不正确履行职责造成严重后果或者恶劣影响的领导人员，采取通报、诫勉、政务处分等方式进行问责；提出组织调整或者组织处理的建议。

对于涉嫌行贿等犯罪的非监察对象，案件调查终结后依法移送起诉。对于涉案单位和人员通过行贿等非法手段取得的财物及孳息，依法予以没收、追缴或者责令退赔。对于违法取得的其他不正当利益，依照法律法规及有关规定予以纠正处理。对涉嫌职务犯罪所得财物及孳息应当妥善保管，并制作《涉案财物清单》随案移送人民检察院。对作为证据使用的实物应当随案移送；对不宜移送的，应当将清单、照片和其他证明文件随案移送。对经认定不属于违法所得的财物及孳息，及时予以返还。

监察机关经调查，对违法取得的财物及孳息决定追缴或者责令退赔的，依法要求公安、自然资源、住房和城乡建设、市场监管、金融监管等部门以及银行等金融机构予以协助。追缴涉案财物以追缴原物为原则，原物已经转化为其他财物的，追缴转化后的财物；有证据证明依法应当追缴、没收的涉案财物无法找到、被他人善意取得、价值灭失减损或者与其他合法财产混合且不可分割的，追缴、没收其他等值财产。

五、移送起诉

监察机关决定对涉嫌职务犯罪的被调查人移送起诉的，出具移送函和《起诉意见书》，连同案卷材料、证据等，一并移送同级人民检察院。监察机关案件审理部门负责与人民检察院审查起诉的衔接工作，调查、案件监督管理等部门予以协助。国家监察委员会派驻或者派出的监察机构、监察专员调查的职务犯罪案件，移送省级人民检察院审查起诉。

监察机关对已经移送起诉的职务犯罪案件，发现遗漏被调查人罪行需要补充移送起诉的，经审批出具《补充起诉意见书》，连同相关案卷材料、证据等一并移送同级人民检察院。

监察机关对于人民检察院在审查起诉中书面提出的下列要求应当积极配合：

（1）认为可能存在以非法方法收集证据情形，要求监察机关对证据收集的合法性作出说明或者提供相关证明材料的；

（2）排除非法证据后，要求监察机关另行指派调查人员重新取证的；

（3）对物证、书证、视听资料、电子数据及勘验检查、辨认、调查实验等笔录存在疑问，要求调查人员提供获取、制作的有关情况的；

（4）要求监察机关对案件中某些专门性问题进行鉴定，或者对勘验、检查进行复验、复查的；

（5）认为主要犯罪事实已经查清，仍有部分证据需要补充完善，要求监察机关补充提供证据的；

（6）人民检察院依法提出的其他工作要求。

监察机关对于人民检察院依法退回补充调查的案件，应当向主要负责人报告，并积极开展工作，不得拖延办理。

在案件审判过程中，人民检察院书面要求监察机关补充提供证据，对证据进行补正、解释，或者协助补充侦查的，监察机关予以配合。监察机关不能提供有关证据材料的，作出书面说明。人民法院在审判过程中就证据收集合法性问题要求有关调查人员出庭说明情况时，监察机关应当根据工作需要予以配合。

对于贪污贿赂、失职渎职等职务犯罪案件，被调查人逃匿，在通缉一年后不能到案，或者被调查人死亡，依法追缴其违法所得及其他涉案财产的，承办部门在调查终结后依法移送审理。监察机关立案调查拟适用缺席审判程序的贪污贿赂犯罪案件，应当逐级报送国家监察委员会同意。

调查措施

一、一般要求

监察机关应当严格依照监察法及相关规定的范围、程序和期限采取相关措施，依法向有关单位和个人出具法律文书。

讯问、留置、冻结、搜查、查封、扣押、通缉措施，必须在立案后进行。在初步核实中，可以依法采取谈话、询问、查询、调取、勘验检查、鉴定、技术调查、限制出境措施。讯问、搜查、查封、扣押以及重要的谈话、询问等重要取证工作，要全程同步录音录像，并保持录音录像资料的完整性。录音录像资料要妥善保管、及时归档，留存备查。监察机关对人民检察院、人民法院调取同步录音录像的，经审批依法予以提供。设区的市级以下的监察机关在初步核实中不得采取技术调查措施。

二、证据

1. 证明标准

监察机关认定案件事实必须以证据为根据，全面、客观地收集、固定被调查人有无违法犯罪以及情节轻重的各种证据，形成相互印证、完整稳定的证据链。只有被调查人陈述或者供述，没有其他证据的，不能认定案件事实；没有被调查人陈述或者供述，证据符合法定标准的，可以认定案件事实。

证据必须经过查证属实，才能作为定案的根据。审查认定证据，应当结合案件的具体情况，从证据与待证事实的关联程度、各证据之间的联系、是否依照法定程序收集等方面进行综合判断。

监察机关调查终结的职务犯罪案件，应当事实清楚，证据确实、充分。证据确实、充分，应当符合以下条件：定罪量刑的事实都有证据证明；据以定案的证据均经法定程序查证属实；综合全案证据，对所认定事实已排除合理怀疑。

2. 非法证据排除

严禁以暴力、威胁、引诱、欺骗以及非法限制人身自由等非法方法收集证据，严禁侮辱、打骂、虐待、体罚或者变相体罚被调查人、涉案人员和证人。对于调查人员采用暴力、威胁以及非法限制人身自由等非法方法收集的被调查人供述、证人证言、被害人陈述，应当依法予以排除。

暴力的方法，是指采用殴打、违法使用戒具等方法或者变相肉刑的恶劣手段，使人遭受难以忍受的痛苦而违背意愿作出供述、证言、陈述；威胁的方法，是指采用以暴力或者严重损害本人及其近亲属合法权益的方法，使人遭受难以忍受的痛苦而违背意愿作出供述、证言、陈述。

收集物证、书证不符合法定程序，可能严重影响案件公正处理的，应当予以补正或者作出合理解释；不能补正或者作出合理解释的，对该证据应当予以排除。

监察机关监督检查、调查、案件审理、案件监督管理等部门发现监察人员在办理案件中，可能存在以非法方法收集证据情形的，应当依据职责进行调查核实。对于被调查人控告、举报调查人员采用非法方法收集证据，并提供涉嫌非法取证的人员、时间、地点、方式和内容等材料或者线索的，应当受理并进行审核。根据现有材料无法证明证据收集合法性的，应当进行调查核实。

经调查核实，确认或者不能排除以非法方法收集证据情形的，对有关证据依法予以排除，不得作为案件定性处置、移送审查起诉的依据。认定调查人员非法取证的，应当依法处理，另行指派调查人员重新调查取证。

3. 其他相关证据

对收集的证据材料及扣押的财物应当妥善保管，严格履行交接、调用手续，定期对账核实，不得违规使用、调换、损毁或者自行处理。

监察机关对行政机关在行政执法和查办案件中收集的物证、书证、视听资料、电子数据，勘验、检查等笔录，以及鉴定意见等证据材料，经审查符合法定要求的，可以作为证据使用。

根据法律、行政法规规定行使国家行政管理职权的组织在行政执法和查办案件中收集的证据材料，视为行政机关收集的证据材料。

监察机关对人民法院、人民检察院、公安机关、国家安全机关等在刑事诉讼中收集的物证、书证、视听资料、电子数据，勘验、检查、辨认、侦查实验等笔录，以及鉴定意见等证据材料，经审查符合法定要求的，可以作为证据使用。监察机关办理职务违法案件，对于人民法院生效刑事判决、裁定和人民检察院不起诉决定采信的证据材料，可以直接作为证据使用。

证据不足的，不得移送人民检察院审查起诉。

三、谈话

1. 谈话的一般要求

监察机关开展初步核实工作，一般不与被核查人接触；确有需要与被核查人谈话的，应当按规定报批。监察机关在问题线索处置、初步核实和立案调查中，可以依法对监察对象进行谈话，要求其如实说明情况或者作出陈述。

监察机关对涉嫌职务违法的被调查人立案后，可以依法进行谈话。与被调查人首次谈话时，应当出示《被调查人权利义务告知书》，由其签名、捺指印。被调查人拒绝签名、捺指印的，调查人员应当在文书上记明。对于被调查人未被限制人身自由的，应当在首次谈话时出具《谈话通知书》。

与涉嫌严重职务违法的被调查人进行谈话的，应当全程同步录音录像，并告知被调查人。告知情况应当在录音录像中予以反映，并在笔录中记明。

谈话笔录应当在谈话现场制作。笔录应当详细具体，如实反映谈话情况。笔录制作完成后，应当交给被调查人核对。被调查人没有阅读能力的，应当向其宣读。笔录记载有遗漏或者差错的，应当补充或者更正，由被调查人在补充或者更正处捺指印。被调查人核对无误后，由其在笔录中逐页签名、捺指印。调查人员也应当在笔录中签名。被调查人拒绝签名、捺指印的，调查人员应当在笔录中记明。

被调查人请求自行书写说明材料的，应当准许。必要时，调查人员可以要求被调查人自行书写说明材料。被调查人应当在说明材料上逐页签名、捺指印，在末页写明日期。对说明材料有修改的，在修改之处应当捺指印。说明材料应当由 2 名调查人员接收，在首页记明接收的日期并签名。

开展谈话应当个别进行，负责谈话的人员不得少于 2 人。

2. 思想教育

思想教育（ideological education），广义指对人的各方面思想、观点产生影响的教育，狭义指形成一定世界观、人生观的教育。

在普通刑事案件的侦办中，办案机关经常会对被讯问对象进行思想教育，长期的办案中积累了大量的经验。尤其是在职务犯罪的侦办中，思想教育更为普遍，作用更大。监察委员会成立后吸收了大量检察系统反贪人员，这部分人员思想教育工作水平很高。以下一些常见的思想教育问话实例。

你不是一个贪财的人，你也不缺少钱，你说你为什么要收取王某的钱物呢？你是在满足心理上的不平衡，同时你也放松了对自己管束和要求才能出现今天的这种局面……是不是。

王某的事情你是知道的，案发后主动交代自己的罪行，交回全部赃款，得到了司法机关的从轻处理，你为什么不能学他呢？

我知道你的家庭情况，生活有困难，你父母亲常年有病，钱对你来说是非常重要的，这是造成你今天这个情况主要的客观原因。

我现在不想听你的那些拿钱的事，你也不用跟我说了，我现在只想问你，又不是缺吃少穿的，何必要去贪那些财呢？

你的那些事不用告诉我，可我不明白的是，你的前途还很远大，为什么非要选择这样的事做呢？

事情的经过你就不要说了，你就说说原因？是不是必须要去贪那点财？

你为什么要这样做？你不用解释！我不需要你的解释，这些证据已经告诉了我！

这难道还要我问你吗？你不说难道别人不说吗？

四、讯问

1. 讯问的一般要求

讯问应当个别进行，调查人员不得少于 2 人。首次讯问时，应当向被讯问人出示《被调查人权利义务告知书》，由其签名、捺指印。被讯问人拒绝签名、捺指印的，调查人员应当在文书上记明。被讯问人未被限制人身自由的，应当在首次讯问时向其出具《讯问通知书》。

讯问一般按照下列顺序进行：

（1）核实被讯问人的基本情况，包括姓名、曾用名、出生年月日、户籍地、公民身份号码、民族、职业、政治面貌、文化程度、工作单位及职务、住所、家庭情况、社会经历，是否属于党代会代表、人大代表、政协委员，是否受到过党纪政务处分，是否受到过刑事处罚等；

（2）告知被讯问人如实供述自己罪行可以依法从宽处理和认罪认罚的法律规定；

（3）讯问被讯问人是否有犯罪行为，让其陈述有罪的事实或者无罪的辩解，应当允许其连贯陈述。

调查人员的提问应当与调查的案件相关。被讯问人对调查人员的提问应当如实回答。调查人员对被讯问人的辩解，应当认真查核。讯问时，应当告知被讯问人将进行全程同步录音录像。告知情况应当在录音录像中予以反映，并在笔录中记明。

2. 讯问策略

（1）直奔主题，简单直接。这种直奔主题式的语言特点是先定好基调再发问，达到"心理强制"的目的。再加上威严的语气与封闭询问室的氛围，能形成一种无形的压力，对于多数没有经验的被调查人非常有效。例如："你把你的经济问题交代一下。""你把重复报销的那笔钱的经过谈一谈。""你是怎么涂改发票的。""那笔钱你是怎么拿到手的。""你把拿回扣的情况说一说"。

（2）周密封堵，致命一击。调查人员会先让被调查人自己陈述，此时调查人员语气平稳，气氛缓和。待被调查人陈述完后，调查人员找到其不能解释的矛盾之处，想好封堵其退路的方法，突然加快速度，语气语调高昂地问："这么多的矛盾你能说得通吗？讲！钱干什么用了！讲！讲！讲！讲！"连续不断地加重语气，达到心理强制的作用，使被调查人开口。"那件事你说说。""你自己是什么看法。""你想怎么解释这件事。""你想怎样才能说明白这件事。"

（3）最后通牒，兵不厌诈。这种方法是把被调查人推向最危险的境地，让其心理承受达到极限，逼其就范。比如："你不说我们走了，失去了机会别后悔。""现在时间不多了，给你5分钟时间考虑，不然后果自负。""今天是我们最后一次提问你了，这可是投案自首，坦白从宽的最后机会了。"

（4）权衡得失，趋利避害。将"利"与"弊"放在一起摆出来，让其挑选。比如："你现在交代了，还能落个从轻处理，如果不交代连从轻的机会可能也不会有，而且还要从重处罚。""说吧，现在说总比以后说强，等法官用证据判你时，自首、坦白从轻的机会可就没有了。"

（5）两难选择，左右皆错。不管被调查人选择哪一个都是错，都是承认了自己行为的存在，也是调查人员想要的结果。接着再进一步说："你已经涉嫌违纪违法犯罪！在这个问题上你没有退路了！你说不说我们都清楚！"加剧对被调查人的心理强制。"这笔钱你是存起来了，还是平时花掉了？""是别人让你干的，还是你自己主动干的？""那笔钱是你主动要的，还是他们执意要给的？"

（6）总结提炼，固定成果。由于问话过程中的间断性，语言的模糊性，调查人员往往在最后需要用准确的语言把所问的问题进行固定，记录完整。比如："你今天的供述讲了这样的几个问题；或者今天一共说了几个问题，（1）……（2）……（3）……"

3. 讯问技巧

讯问是通过一问一答的方式进行的，调查人员通常掌握一定的问话技巧。

（1）摸底式或试探式发问。这种方法多用在初次问话阶段，主要用来试探被调查者虚实，确定被调查人所持的态度。比如：

你是×××吧？你知道今天为什么找你到这里来吗？打击贪污贿赂犯罪是我们的任务，我们调查的结果表明，你的××行为与我们的工作有关。

你知道我们今天为什么找你吗？

你的"事"你自己想过吗？

你知道我们今天为什么找你来吗？

你不认为自己应该说说清楚吗？

你知道我们为什么请你到这里来吗？

如果被调查人答："我不知道！"

调查人员可能会接着这样问：

那我们来告诉你，你已经涉嫌实施了与你身份不相符合的行为！否则我们不会单独找你来接受问话的！

我们今天找你来的目的不是让你交代什么问题，主要是看看你对这件事情的态度。

你知道我们现有的证据，能够判你多少年徒刑吗？

难道你不想得到从轻或减轻处理吗？

（2）逼入墙角，断其后路。就是说被调查人只有老实交待，没有退路可选式问话。比如：

你的问题已经明了，你交代是迟早的事，但迟不如早，应争取主动，争取立功，争取从宽处理。

司法机关办案以事实为根据，以法律为准绳，不轻信口供，口供只证明你自己对问题的态度，主动交代能从宽处理，不交代从严处理，两条路由你选择。

要有立功表现、投案自首主动交代自己的罪行，才有可能得到从轻、减轻的处理。

那你为什么不走这条路呢？你的违纪违法犯罪事实已基本清楚，国家的法律并不是以你的口供来定罪的，而是靠事实的证据来认定犯罪，你现在已经构成犯罪这是无法选择的，法院会根据证据与事实，对你做出公正的判决。此外，你如果想得到从轻或减轻处罚，你就应该按照法定的条件做出选择，为自己找出路，另外你的爱人和孩子多么希望你能受到政府的宽大处理，你自己看着办吧！

（3）既定式反问。如：

你对××事情的回答，前后矛盾，漏洞百出，你认为谎言能蒙混过关吗？

你把汇往某银行的那笔款子的来龙去脉和详细的过程说说。

你拿了钱你不说别人不说吗？

你认为账本销毁了就无据可查了吗？你们的财务会计怕日后对公款的去向说不清楚，在笔记上又作了记录，这点你可能没有想到吧！

（4）层层迂回式发问。先不涉及问话的主题，从外围摸清情况，待时机成熟后，再直奔主题。

用外围问题堵住所有可能逃跑的路线，然后再攻其主线，一举拿下。有时无目标的迂回，目的是寻找和试探目标，通过层层递进，先小后大，先外后内，在被调查人放松警惕的情况下，一步一步接近主题，使其暴露。

（5）直击要害式发问。简单、直接，在被调查人没有防备的情况下很难直接回答。如：

这笔钱从哪里来的？

为什么给你？

（6）刨根问底。如：

为什么会这样？

这是什么原因？

（7）预设前提，模糊逻辑。思维的核心是逻辑，思维的工具是语言。例如：

"你为什么这样做？"这句话预设隐含了"你做了"这个前提。

"你与老王是什么关系"预设隐含了"你认识老王"。

"你是在什么情况下干的这件事？"预设隐含了"你已经干了这件事"。

"你拿那 10 万元公款干什么用了？"预设隐含了"那 10 万元公款你拿了"。

"你在涂改发票时有没有人看见？"预设隐含了"你涂改了发票"。

"他送钱给你的时候，有没有其他人看见？"预设隐含了"他送你钱了"。

"王某为了当某局长总共给了你多少钱？"预设隐含了"王某给了钱，不止一次给了钱，目的是当某局长"三个前提。

其他如：

你在银行的存款是存折还是存单？

你把钱拿回家，你爱人是否知道？

你怎么能干这种事呢？

你为什么要拿他的钱？

你银行里存的钱是哪里来的？

你为什么要这么做？

这些都是隐含了一个假定的前提。

4. 声调技巧

心理学研究表明，从人说话的音调中能够准确地判断出他的情绪状态或内在感受。比如，激动时声音高且尖，语速快、音域高低起伏较大，带有颤音。悲哀时声音低沉，语速慢、音域高低起伏较小。语言交流活动中使用低沉缓慢的声调，容易刺激人的忧伤感，形成心理压力。人在回答问题时使用的是低沉缓慢的声调，表明心理压力大，思想负担重。

问话人要求被问人就某一具体问题必须做出回答的时候，往往使用快节奏的语言表述，这种快节奏的语言能够控制回答者的思维活动，使之在处于困境的情况下，思维受限，无法联想。在需要被问人回忆思考的时候，问话人的语言节奏通常放慢。问话者语言速度会根据问话情境的需要快慢交替使用。有时问话人会故意将音量放大，以刺激被问人的反应。

通常情况下，被问话人在被问到涉及隐匿行为的关键问题时，说话的速度会不自觉地放慢，甚至让人觉得好像不会说话；而在其内心平静时，说话的速度会比较平稳；激动时，说话的速度会忽然加快；在烦恼不安或恐惧时，说话的速度会快得异乎寻常。

语调是心理活动的另一个重要特征。人在激动时，声调往往很高；在不安时，声调也会异乎寻常地高；在无法掩盖的事实面前，声调则会越来越低；在任性的心理状态时，别人的什么话他都听不进去，还会发出较高频率的声音；在理直气壮时说话的节奏感很强；相反，心理有某种压力时说话则慢慢吞吞毫无节奏。

问话人会根据这些特征判断和被问话人的策略和方法。

5. 讯问策略综合运用

（1）改变问话方式，试探背后原因。如："你现在有什么顾虑？""是不是要其他人回避一下？""你现在担心什么？"等。被调查人只要回答了上述问话就是一种默认。

（2）以退为进。如："我们可以不记录"或者"现在我们可以重新为你记录，你照实说吧""你还有什么顾虑吗？"引导被调查人开口，减轻自己的心理压力。这样明着是退了一步，只要被调查人开口从效果上就是进了一步。此时，往往调查人员中有一人暂时离开，创造一个退的环境，然后说："现在他离开了，你说吧，我现在不记录。"

（3）激将法，激发被调查人维护自己的形象达。如：

你敢作敢为，事情出来了为什么却不敢承认？

你在工作上靠自己的实干，为社会作出了很大的贡献，改变了城市的面貌。在其他同志因工作不慎出现了事故的时候，你还敢于承担责任保护下属，这风度令人敬佩。

（4）摆明现状，促其选择。如：

你的主要事实已经很清楚了，你自己比我们更清楚，已是无路可退了，如何能得到从轻处理，既不会使你交待后受到从重处罚，又能在原有的基础上从宽处理，这就是投案自首，检举立功。这对你来说是个机会，千万不能错过。你虽然已被逮捕，但这只是强制措施，不是最后的处理决定。

（5）正话反说。如：

你最好不要交代钱是你拿的，否则我们还嫌麻烦呢。

对你的事，你说不说我们都不想听。

关于那笔钱的下落，我们也不想知道，日后被从重处罚你别后悔就行。

你的那些事，你最好现在不要说。

（6）拉近心理距离。如把被调查人称"老李""老周""老王"或称原职务头衔"李局""周市长""王书记"等。

（7）设身处地，角色置换。如：

假如我是你，我会主动交代的。假如我是你，我会选择投案自首，从宽减轻。假如我是你，我一定不会错过这次机会。假如我是你，我会想到怎样走从宽的路。假如我是你，我会让家里把赃款全部退出去，多退一分，少一分处罚。

（8）避开敏感字眼。如把"贪污''说成"拿"，"你拿了那么多的钱干什么用了？"这样进行含蓄处理，降低敏感字眼的刺激性。

（9）转换话题。如"你虽然已被宣布正式立案调查了，但也不能坐等重判呀！你自己要想想办法啊！"此时，如被调查人说"有什么办法可想呢？"说明被调查人就快要离坦白了。

（10）举例对比。如"你熟悉的老王，大家也都知道，他能主动认罪，坦白从宽，不是对他从轻处理了吗？希望你也能跟他一样，得到从宽处理。"等。

（11）用道具唱"空城计"。被调查人通过观察桌子上的物品和资料，可以判断出案件调查的进展情况。如被调查人看到桌子上只放着两张纸，会联想到目前还没有掌握相关证据，可能会因此与调查人周旋。但如果将其他案件的材料也放在桌子上，被调查人可能会联想到是不是自己的材料，违纪违法犯罪事实可能已经暴露。此时，调查人员可以说：

你的住所以及相关的地方我们已经搜查过了，你的那些存款是怎么回事？

为了你我们已经调查很长时间了！我们是靠这些证据说话的！你应该知道这么多材料说明了什么！

调查人员和被调查人经过数回合的较量，在被调查人精神疲倦、意志薄弱时，利用少量证据或者根本不扎实的证据进行问询，会得到出其不意的效果。

（12）离间计，包括离间关系人和同案人。如：

你以为你将工程承包给他们，他们就不揭发你，不出卖你啦？

你以为订立了攻守同盟他就不说了吗？

谁不为自己考虑呢？（暗示别人已经说了）

老王过去很讲义气，这回怎么搞的……

让被调查人怀疑老王已经说了；

"王某怎么说自己不是主犯……"让被调查人怀疑王某把责任推给了自己；"你爱人的觉悟比你高得多"，暗示他的爱人已将其问题说了；"谁愿意背个包庇违法犯罪的罪名……"暗示转移赃款、赃物订立攻守同盟的事情已暴露等。

（13）亲情感化。如

你的父亲为了你的事情吃不好饭，睡不好觉，他是多么希望你能早日回到他的身边。

你最信任的人，也是最关心你的人，他关心你的方法我们是赞成的，他是为了能够让你得到从轻处罚。

调查人员有时会利用家属在案发后总要托关系找人"说情"的心理，让被调查人感觉调查人员被"买通"，成了"自己人"。如

你家大哥跟我谈了你的情况。

我刚刚去过你家，把你家人的基本情况传递给你。

（14）心理干扰。在被调查人房间或隔壁房间安排人员透露一些案件信息，干扰被调查人的意志，增加疑虑；故意安排人在被调查人能够看到的地方窃窃私语，并且把视线与被调查人联结起来，让他感觉有"事情"发生；在问话的过程中，问话人适时采取忽然停止问话的方法，增加被调查人的不安感和焦虑感；让被调查人感觉到还有不少的人在调查取证，造成被调查人心理上的恐慌。

（15）打草惊蛇，暴露目标。调查人员故意把案件的调查信息泄露给被调查人，让被调查人行动起来进行"反调查"活动，从而暴露出来，对其"反调查"活动进行严密监控收集证据。被调查人的反调查活动包括：串供串证、翻证变证、订立攻守同盟；隐匿销毁罪证，转移赃款、赃物等；威逼利诱证人作伪证、翻证及打击报复知情人等；金蝉脱壳，避重就轻；刺探调查秘密，进而设障碍，对抗调查等。调查人员监控措施包括：监听、跟踪相关人员，培植内线人员，监控被调查人员的"朋友圈"等。

（16）红、白脸配合。调查人员中一个人对被调查人相当严厉，甚至故意对被调查人施加一些让人难以承受的压力，或者在生活上予以刁难；而另一个人对其和善友好，以此来套近乎，让被调查人感到温暖，并说出心里话，愿意作出妥协，俗称"一个唱红脸，一个唱白脸"。

五、留置

1. 留置的审批

《监察法》规定，设区的市级以下监察机关采取留置措施，应当报上一级监察机关批准。省级监察机关采取留置措施，应当报国家监察委员会备案。留置时间不得超过 3 个月。在特殊情况下，可以延长 1 次，延长时间不得超过 3 个月。省级以下监察机关采取留置措施的，延长留置时间应当报上一级监察机关批准。

2. 留置的适用条件

被调查人涉嫌贪污贿赂、失职渎职等严重职务违法或者职务犯罪，监察机关已经掌握其部分违法犯罪事实及证据，仍有重要问题需要进一步调查，并且涉及案情重大、复杂的；可能逃跑、自杀的；可能串供或者伪造、隐匿、毁灭证据的；可能有其他妨碍调查行为的情形之一的，经监察机关依法审批，可以将其留置在特定场所。

严重职务违法，是指根据监察机关已经掌握的事实及证据，被调查人涉嫌的职务违法行为情节严重，可能被给予撤职以上政务处分。

已经掌握其部分违法犯罪事实及证据，是指同时具备证据证明发生了违法犯罪事实；有证据证明该违法犯罪事实是被调查人实施；证明被调查人实施违法犯罪行为的证据已经查证属实。部分违法犯罪事实，既可以是单一违法犯罪行为的事实，也可以是数个违法犯罪行为中任何一个违法犯罪行为的事实。

重要问题，是指对被调查人涉嫌的职务违法或者职务犯罪，在定性处置、定罪量刑等方面有重要影响的事实、情节及证据。

可能逃跑、自杀的，是指着手准备自杀、自残或者逃跑的；曾经有自杀、自残或者逃跑行为的；有自杀、自残或者逃跑的意图的；其他可能逃跑、自杀的情形。

可能串供或者伪造、隐匿、毁灭证据，是指曾经或者企图伪造、隐匿、毁灭、转移证据的；曾经或者企图威逼、恐吓、利诱、收买证人，干扰证人作证的；有同案人或者与其存在密切关联违法犯罪的涉案人员在逃，重要证据尚未收集完成的；其他可能串供或者伪造、隐匿、毁灭证据的情形。

可能有其他妨碍调查行为，是指：可能继续实施违法犯罪行为的；有危害国家安全、公共安全等现实危险的；可能对举报人、控告人、被害人、证人实施打击报复的；在逃的；无正当理由拒不到案，严重影响调查的；其他可能妨碍调查的行为。

对患有严重疾病、生活不能自理的；怀孕或者正在哺乳自己婴儿的妇女；系生活不能自理的人的唯一扶养人不得采取留置措施。上述情形消除后，根据调查需要可以对相关人员采取留置措施。

3. 留置期间的调查

采取留置措施时，调查人员不得少于 2 人，应当向被留置人员宣布《留置决定书》，告知被留置人员权利义务，要求其在《留置决定书》上签名、捺指印。被留置人员拒绝签名、捺指印的，调查人员应当在文书上记明。

采取留置措施后，应当在 24 小时以内通知被留置人员所在单位和家属。当面通知的，由有关人员在《留置通知书》上签名。无法当面通知的，先以电话等方式通知；同时通过邮寄、转交等方式送达《留置通知书》，要求有关人员在《留置通知书》上签名。因可能毁灭、伪造证据，干扰证人作证或者串供等有碍调查情形而不宜通知的，应当按规定报批，记录在案。有碍调查的情形消失后，应当立即通知被留置人员所在单位和家属。

留置过程中，应当保障被留置人员的合法权益，尊重其人格和民族习俗，保障饮食、休息和安全，提供医疗服务。

留置时间不得超过 3 个月，自向被留置人员宣布之日起算。案情重大，严重危害国家利益或者公共利益的；案情复杂，涉案人员多、金额巨大，涉及范围广的；重要证据尚未收集完成，重要涉案人员尚未到案，导致违法犯罪的主要事实仍须继续清查的；以及其他需要延长留置时间的情形，经审批可以延长 1 次，延长时间不得超过 3 个月。省级以下监察机关采取留置措施的，延长留置时间应当报上一级监察机关批准。延长留置时间的，应当在留置期满前向被留置人员宣布延长留置时间的决定，要求其在《延长留置时间决定书》上签名、捺指印。被留置人员拒绝签名、捺指印的，调查人员应当在文书上记明。

对被留置人员不需要继续采取留置措施的，应当按规定报批，及时解除留置。调查人员应当向被留置人员宣布解除留置措施的决定，由其在《解除留置决定书》上签名、捺指印。被留置人员拒绝签名、捺指印的，调查人员应当在文书上记明。解除留置措施的，应当及时通知被留置人员所在单位或者家属。调查人员应当与交接人办理交接手续，并由其在《解除留置通知书》上签名。无法通知或者有关人员拒绝签名的，调查人员应当在文书上记明。

案件依法移送人民检察院审查起诉的，留置措施自犯罪嫌疑人被执行拘留时自动解除。监察机关应当及时通知被留置人员所在单位或者家属。

留置场所应当建立健全保密、消防、医疗、餐饮及安保等安全工作责任制，制定紧急突发事件处置预案，采取安全防范措施，防止事故、事件发生。留置期间发生被留置人员死亡、伤残、脱逃等办案安全事故、事件的，应当及时做好处置工作。相关情况应当立即报告监察机关主要负责人，并在 24 小时内逐级上报至国家监察委员会。

4. 留置措施的协助

县级以上监察机关需要提请公安机关协助采取留置措施的，应当按规定报批，请同级公安机关依法予以协助。提请协助时，应当出具《提请协助采取留置措施函》，列明提请协助的具体事项和建议，协助采取措施的时间、地点等内容，附《留置决定书》复印件。因保密需要，不适合在采取留置措施前告知留置对象姓名的，可以作出说明，进行保密处理。

需要提请异地公安机关协助采取留置措施的，应当按规定报批，向协作地同级监察机关出具协作函件和相关文书，由协作地监察机关提请当地公安机关依法予以协助。

5. 相关人员适用留置措施

对不具有公职人员身份的涉嫌行贿犯罪或者共同职务犯罪的涉案人员，监察机关也可以依照《监察法》的规定采取留置措施。

六、查询、冻结

监察机关调查严重职务违法或者职务犯罪，根据工作需要，按规定报批后，可以依法查询、冻结涉案单位和个人的存款、汇款、债券、股票、基金份额等财产。

查询、冻结财产时，调查人员不得少于 2 人。调查人员应当出具《协助查询财产通知书》或者《协助冻结财产通知书》，送交银行或者其他金融机构、邮政部门执行。有关单位和个人应当予以配合，并严格保密。冻结证券和交易结算资金时，应当明确冻结的范围是否及于孳息。冻结财产，应当为被调查人及其所扶养的亲属保留必需的生活费用。

监察机关对查询信息应当加强管理，规范信息交接、调阅、使用程序和手续，防止滥用和泄露。调查人员不得查询与案件调查工作无关的信息。

冻结财产的期限不得超过 6 个月。冻结期限到期未办理续冻手续的，冻结自动解除。有特殊原因需要延长冻结期限的，应当在期限到期前按原程序报批，办理续冻手续。每次续冻期限不得超过 6 个月。

已被冻结的财产可以轮候冻结，不得重复冻结。轮候冻结的，监察机关应当要求有关银行或者其他金融机构在解除冻结或者作出处理前予以通知。监察机关接受司法机关、其他监察机关等国家机关移送的涉案财物后，该国家机关采取的冻结期限届满，监察机关续行冻结的顺位与该国家机关冻结的顺位相同。

对于冻结的财产，应当及时核查。经查明与案件无关的，经审批，应当在查明后 3 日内将《解除冻结财产通知书》送交有关单位执行。解除情况应当告知被冻结财产的权利人或者其法定代理人、委托代理人。

七、搜查

监察机关调查职务犯罪案件，为了收集犯罪证据、查获被调查人，按规定报批后，可以依法对被调查人以及可能隐藏被调查人或者犯罪证据的人的身体、物品、住处、工作地点和其他有关地方进行搜查。

搜查应当在调查人员主持下进行，调查人员不得少于 2 人。搜查女性的身体，由女性工作人员进行。搜查时，应当有被搜查人或者其家属，其所在单位工作人员或者其他见证人在场。监察人员不得作为见证人。调查人员应当向被搜查人或者其家属、见证人出示《搜查证》，要求其签名。被搜查人或者其家属不在场，或者拒绝签名的，调查人员应当在文书上记明。

对搜查取证工作，应当全程同步录音录像。对搜查情况应当制作《搜查笔录》，由调查人员和被搜查人或者其家属、见证人签名。被搜查人或者其家属不在场，或者拒绝签名的，调查人员应当在笔录中记明。对于查获的重要物证、书证、视听资料、电子数据及其放置、存储位置应当拍照，并在《搜查笔录》中作出文字说明。

搜查人员应当服从指挥、文明执法，不得无故损坏搜查现场的物品，不得擅自扩大搜查对象和范围。搜查的具体实施时间、方法，在实施前应当严格保密。搜查时，应当避免未成年人或者其他不适宜在搜查现场的人在场。

县级以上监察机关需要提请公安机关依法协助采取搜查措施的，应当按规定报批，请同级公安机关予以协助。提请协助时，应当出具《提请协助采取搜查措施函》，列明提请协助的具体事项和建议，搜查时间、地点、目的等内容，附《搜查证》复印件。需要提请异地公安机关协助采取搜查措施的，应当按规定报批，向协作地同级监察机关出具协作函件和相关文书，由协作地监察机关提请当地公安机关予以协助。

八、调取

监察机关按规定报批后，可以依法向有关单位和个人调取用以证明案件事实的证据材料。

调取证据材料时，调查人员不得少于 2 人。调查人员应当依法出具《调取证据通知书》，必要时附《调取证据清单》。有关单位和个人配合监察机关调取证据，应当严格保密。

调取物证应当调取原物。原物不便搬运、保存，或者依法应当返还的，可以将原物封存，并拍照、录像。对原物拍照或者录像时，应当足以反映原物的外形、内容。调取书证、视听资料应当调取原件。取得原件确有困难的，可以调取副本或者复制件。调取物证的照片、录像和书证、视听资料的副本、复制件的，应当书面记明不能调取原物、原件的原因，制作过程和原物、原件存放地点，是否与原物、原件相符，并由调查人员和物证、书证、视听资料原持有人签名或者盖章。持有人无法签名、盖章或者拒绝签名、盖章的，应当在笔录中记明，由见证人签名。

调取外文材料作为证据使用的，应当交由具有资质的机构和人员出具中文译本。中文译本应当加盖翻译机构公章。调取少数民族文字材料的，参照外文材料规定办理。

收集、提取电子数据，能够扣押原始存储介质的，应当予以扣押、封存并在笔录中记录封存状态。无法扣押原始存储介质的，可以提取电子数据，但应当在笔录中记明不能扣押的原因、原始存储介质的存放地点或者电子数据的来源等情况。由于客观原因无法或者不宜采取前款规定方式收集、提取电子数据的，可以采取打印、拍照或者录像等方式固定相关证据，并在笔录中说明原因。收集、提取的电子数据，足以保证完整性，无删除、修改、增加等情形的，可以作为证据使用。

调取的物证、书证、视听资料等原件，经查明与案件无关的，经审批，应当在查明后3日内退还，并办理交接手续。

九、查封、扣押

监察机关按规定报批后，可以依法查封、扣押用以证明被调查人涉嫌违法犯罪以及情节轻重的财物、文件、电子数据等证据材料。

在立案调查之前，对监察对象及相关人员主动上交的涉案财物，经审批可以暂扣或者封存。采取暂扣或者封存时，调查人员不得少于2人。对于暂扣或者封存的财物，应当会同持有人、保管人或者见证人进行清点核对，当场填写《暂予扣留、封存涉案财物登记表》。调查人员、持有人、保管人或者见证人应当在登记表上签名或者盖章。对于暂扣、封存的财物，应当根据立案及调查情况及时决定是否依法查封、扣押。

查封、扣押时，应当出具《查封/扣押通知书》，调查人员不得少于2人。持有人拒绝交出应当查封、扣押的财物和文件的，可以依法强制查封、扣押。调查人员对于查封、扣押的财物和文件，应当会同在场见证人和被查封、扣押财物持有人进行清点核对，开列《查封/扣押财物、文件清单》，由调查人员、见证人和持有人签名或者盖章。持有人不在场或者拒绝签名、盖章的，调查人员应当在清单上记明。查封、扣押财物，应当为被调查人及其所扶养的亲属保留必需的生活费用和物品。

查封、扣押不动产和置于该不动产上不宜移动的设施、家具和其他相关财物，以及车辆、船舶、航空器和大型机械、设备等财物，必要时可以依法扣押其权利证书，经拍照或者录像后原地封存。调查人员应当在查封清单上记明相关财物的所在地址和特征，已经拍照或者录像及其权利证书已被扣押的情况，由调查人员、见证人和持有人签名或者盖章。持有人不在场或者拒绝签名、盖章的，调查人员应当在清单上记明。必要时可以将被查封财物交给持有人或者其近亲属保管。调查人员应当告知保管人妥善保管，不得对被查封财物进行转移、变卖、毁损、抵押、赠予等处理。

调查人员应当将《查封/扣押通知书》送达不动产、生产设备或者车辆、船舶、航空器等财物的登记、管理部门，告知其在查封期间禁止办理抵押、转让、出售等权属关系变更、转移登记手续。被查封、扣押的财物已经办理抵押登记的，应当及时通知抵押权人。相关情况应当在查封清单上记明。

对于需要启封的财物和文件，应当由 2 名以上调查人员共同办理。重新密封时，由 2 名以上调查人员在密封材料上签名、记明时间。查封、扣押涉案财物，应当在采取措施后 20 日内将涉案财物详细信息、《查封/扣押财物、文件清单》录入并上传监察机关涉案财物信息管理系统。对于涉案款项，应当在采取措施后 15 日内存入监察机关指定的专用账户。对于涉案物品，应当在采取措施后 30 日内移交涉案财物保管部门保管。因特殊原因不能按时存入专用账户或者移交保管的，应当按规定报批，将保管情况录入涉案财物信息管理系统，在原因消除后及时存入或者移交。

对于已移交涉案财物保管部门保管的涉案财物，根据调查工作需要，经审批可以临时调用。调用和归还时，调查人员、保管人员应当当面清点查验。保管部门应当对调用和归还情况进行登记，全程录像并上传涉案财物信息管理系统。

查封、扣押动产的期限不得超过 1 年，查封不动产的期限不得超过 2 年。有特殊原因需要延长期限的，应当在到期前按原程序报批。监察机关接受司法机关、其他监察机关等国家机关移送的涉案财物后，该国家机关采取的查封、扣押期限届满，监察机关续行查封、扣押的顺位与该国家机关查封、扣押的顺位相同。

对查封、扣押的财物和文件，应当及时进行核查。经查明与案件无关的，经审批，应当在查明后 3 日内解除查封、扣押，予以退还。解除查封、扣押的，应当向有关单位、原持有人或者近亲属送达《解除查封/扣押通知书》，附《解除查封/扣押财物、文件清单》，要求其签名或者盖章。

查封、扣押特殊物品的处理：查封、扣押外币、金银珠宝、文物、名贵字画以及其他不易辨别真伪的贵重物品，具备当场密封条件的，应当当场密封，由 2 名以上调查人员在密封材料上签名并记明密封时间。不具备当场密封条件的，应当在笔录中记明，以拍照、录像等方法加以保全后进行封存。查封、扣押的贵重物品需要鉴定的，应当及时鉴定。

查封、扣押存折、银行卡、有价证券等支付凭证和具有一定特征能够证明案情的现金，应当记明特征、编号、种类、面值、张数、金额等，当场密封，由 2 名以上调查人员在密封材料上签名并记明密封时间。

查封、扣押易损毁、灭失、变质等不宜长期保存的物品，应当在笔录中记明，以拍照、录像等方法加以保全后进行封存，或者经审批委托有关机构变卖、拍卖。变卖、拍卖的价款存入专用账户保管，待调查终结后一并处理。

对于可以作为证据使用的录音录像、电子数据存储介质，应当记明案由、对象、内容，录制、复制的时间、地点、规格、类别、应用长度、文件格式及长度等，制作清单。具备查封、扣押条件的电子设备、存储介质应当密封保存。必要时，可以请有关机关协助。

对被调查人使用违法犯罪所得与合法收入共同购置的不可分割

的财产，可以先行查封、扣押。对无法分割退还的财产，涉及违法的，应当在结案后委托有关单位拍卖、变卖，退还不属于违法所得的部分及孳息；涉及职务犯罪的，依法移送司法机关处置。

查封、扣押危险品、违禁品应当及时送交有关部门，或者根据工作需要严格封存保管。

对于被扣押的股票、债券、基金份额等财产，以及即将到期的汇票、本票、支票，依法需要出售或者变现的，按照关于出售冻结财产的规定办理。

十、勘验检查

监察机关按规定报批后，可以依法对与违法犯罪有关的场所、人身、痕迹、物品、尸体、电子数据等进行勘验检查。

依法需要勘验检查的，应当制作《勘验检查证》；需要委托勘验检查的，应当出具《委托勘验检查书》，送具有专门知识、勘验检查资格的单位（人员）办理。勘验检查应当由2名以上调查人员主持，邀请2名与案件无关的见证人在场。勘验检查情况应当制作笔录，并由参加勘验检查人员和见证人签名。勘验检查现场、拆封电子数据存储介质应当全程同步录音录像。对现场情况应当拍摄现场照片、制作现场图，并由勘验检查人员签名。

为了确定被调查人或者相关人员的某些特征、伤害情况或者生理状态，可以依法对其人身进行检查。必要时可以聘请法医或者医师进行人身检查。检查女性身体，应当由女性工作人员或者医师进行。被调查人拒绝检查的，可以依法强制检查。人身检查不得采用损害被检查人生命、健康或者贬低其名誉、人格的方法。对人身检查过程中知悉的个人隐私，应当严格保密。对人身检查的情况应当制作笔录，由参加检查的调查人员、检查人员、被检查人员和见证人签名。被检查人员拒绝签名的，调查人员应当在笔录中记明。

为查明案情，在必要的时候，经审批可以依法进行调查实验。调查实验，可以聘请有关专业人员参加，也可以要求被调查人、被害人、证人参加。进行调查实验，应当全程同步录音录像，制作调查实验笔录，由参加实验的人签名。进行调查实验，禁止一切足以造成危险、侮辱人格、造成不良影响的行为。

调查人员在必要时，可以依法让被害人、证人和被调查人对与违法犯罪有关的物品、文件、尸体或者场所进行辨认；也可以让被害人、证人对被调查人进行辨认，或者让被调查人对涉案人员进行辨认。辨认工作应当由 2 名以上调查人员主持进行。在辨认前，应当向辨认人详细询问辨认对象的具体特征，避免辨认人见到辨认对象，并告知其作虚假辨认应当承担的法律责任。几名辨认人对同一辨认对象进行辨认时，应当由辨认人个别进行。辨认应当形成笔录，并由调查人员、辨认人签名。辨认人员时，被辨认的人数不得少于 7 人，照片不得少于 10 张。辨认人不愿公开进行时，应当在不暴露辨认人的情况下进行辨认，并为其保守秘密。

组织辨认物品时一般应当辨认实物。被辨认的物品系名贵字画等贵重物品或者存在不便搬运等情况的，可以对实物照片进行辨认。辨认人进行辨认时，应当在对应的照片上签字确认。辨认物品时，同类物品不得少于 5 件，照片不得少于 5 张。对于难以找到相似物品的特定物，可以将该物品照片交由辨认人进行确认并在照片上签字。在辨认人确认前，应当详细询问物品的具体特征，并对确认过程和结果形成笔录。

辨认活动违反规定，具有下列情形之一的，辨认笔录不得作为认定案件的依据：(1) 辨认开始前使辨认人见到辨认对象的；(2) 辨认活动没有个别进行的；(3) 辨认对象没有混杂在具有类似特征的其他对象中，或者供辨认的对象数量不符合规定的，但特定辨认对象除外；(4) 辨认中给辨认人明显暗示或者明显有指认嫌疑的；(5) 辨认不是在调查人员主持下进行的；(6) 违反有关规定，不能确定辨认笔录真实性的其他情形。辨认笔录存在其他瑕疵的，应当结合全案证据审查其真实性和关联性，作出综合判断。

十一、鉴定

监察机关为解决案件中的专门性问题，按规定报批后，可以依法进行鉴定。

监察机关应当为鉴定提供必要条件，向鉴定人送交有关检材和对比样本等原始材料，介绍与鉴定有关的情况。调查人员应当明确提出要求鉴定事项，但不得暗示或者强迫鉴定人作出某种鉴定意见。监察机关应当做好检材的保管和送检工作，记明检材送检环节的责任人，确保检材在流转环节的同一性和不被污染。鉴定时应当出具《委托鉴定书》，由2名以上调查人员送交具有鉴定资格的鉴定机构、鉴定人进行鉴定。

鉴定人应当在出具的鉴定意见、检验报告上签名，并附鉴定机构和鉴定人的资质证明或者其他证明文件。多个鉴定人的鉴定意见不一致的，应当在鉴定意见上记明分歧的内容和理由，并且分别签名。监察机关对于法庭审理中依法决定鉴定人出庭作证的，应当予以协调。鉴定人故意作虚假鉴定的，应当依法追究法律责任。

监察机关可以依法开展鉴定的包括：（1）对笔迹、印刷文件、污损文件、制成时间不明的文件和以其他形式表现的文件等进行鉴定；（2）对案件中涉及的财务会计资料及相关财物进行会计鉴定；（3）对被调查人、证人的行为能力进行精神病鉴定；（4）对人体造成的损害或者死因进行人身伤亡医学鉴定；（5）对录音录像资料进行鉴定；（6）对因电子信息技术应用而出现的材料及其派生物进行电子证据鉴定；（7）其他可以依法进行的专业鉴定。

调查人员应当对鉴定意见进行审查。对经审查作为证据使用的鉴定意见，应当告知被调查人及相关单位、人员，送达《鉴定意见告知书》。被调查人或者相关单位、人员提出补充鉴定或者重新鉴定申请，经审查符合法定要求的，应当按规定报批，进行补充鉴定或者重新鉴定。

经审查具有下列情形之一的，应当补充鉴定：（1）鉴定内容有明显遗漏的；（2）发现新的有鉴定意义的证物的；（3）对鉴定证物有新的鉴定要求的；（4）鉴定意见不完整，委托事项无法确定的；（5）其他需要补充鉴定的情形。

经审查具有下列情形之一的，应当重新鉴定：（1）鉴定程序违法或者违反相关专业技术要求的；（2）鉴定机构、鉴定人不具备鉴定资质和条件的；（3）鉴定人故意作出虚假鉴定或者违反回避规定的；（4）鉴定意见依据明显不足的；（5）检材虚假或者被损坏的；

（6）其他应当重新鉴定的情形。决定重新鉴定的，应当另行确定鉴定机构和鉴定人。

对案件中的专门性问题需要鉴定，但没有法定鉴定机构，或者法律法规规定可以进行检验的，可以指派、聘请具有专门知识的人进行检验，检验报告可以作为参考。

十二、技术调查

监察机关根据调查重大贪污贿赂等职务犯罪需要，依照规定的权限和程序报经批准，可以依法采取技术调查措施，委托公安机关或者国家有关执法机关执行。

重大贪污贿赂等职务犯罪是指：（1）案情重大复杂，涉及国家利益或者重大公共利益的；（2）被调查人可能被判处10年以上有期徒刑、无期徒刑或者死刑的；（3）案件在全国或者本省、自治区、直辖市范围内有较大影响的。

依法采取技术调查措施的，监察机关应当出具《采取技术调查措施委托函》《采取技术调查措施决定书》和《采取技术调查措施适用对象情况表》，送交有关机关执行。其中，设区的市级以下监察机关委托有关执行机关采取技术调查措施，还应当提供《立案决定书》。

技术调查措施的期限按照监察法的规定执行，到期自动解除。对于不需要继续采取技术调查措施的，监察机关应当按规定报批，将《解除技术调查措施决定书》送交有关机关执行。需要依法变更技术调查措施种类或者增加适用对象的，监察机关应当重新办理报批和委托手续，送交有关机关执行。

对采取技术调查措施收集的信息和材料，依法需要作为刑事诉讼证据使用的，监察机关应当按规定报批，出具《调取技术调查证据材料通知书》向有关执行机关调取。对于采取技术调查措施收集的物证、书证及其他证据材料，监察机关应当制作书面说明，写明获取证据的时间、地点、数量、特征以及采取技术调查措施的批准机关、种类等。调查人员应当在书面说明上签名。对于采取技术调查措施获取的证据材料，如果使用该证据可能危及有关人员的人身安全，或者可能产生其他严重后果的，应当采取不暴露有关人员身份、技术方法等保护措施。必要时，可以建议由审判人员在庭外进行核实。

调查人员对采取技术调查措施过程中知悉的国家秘密、商业秘密、个人隐私，应当严格保密。对采取技术调查措施获取的与案件无关的材料，应当经审批及时销毁。对销毁情况应当制作记录，由调查人员签名。

十三、通缉

国家监察委员会依法需要提请公安部对在逃人员发布公安部通缉令的，应当先提请公安部采取网上追逃措施。如情况紧急，可以向公安部同时出具《通缉决定书》和《提请采取网上追逃措施函》。省级以下监察机关报请国家监察委员会提请公安部发布公安部通缉令的，应当先提请本地公安机关采取网上追逃措施。县级以上监察机关对在逃的应当被留置人员，依法决定在本行政区域内通缉的，应当按规定报批，送交同级公安机关执行。送交执行时，应当出具《通缉决定书》，附《留置决定书》等法律文书和被通缉人员信息，以及承办单位、承办人员等有关情况。通缉范围超出本行政区域的，应当报有决定权的上级监察机关出具《通缉决定书》，并附《留置决定书》及相关材料，送交同级公安机关执行。

监察机关接到公安机关抓获被通缉人员的通知后，应当立即核实被抓获人员身份，并在接到通知后 24 小时以内派员办理交接手续。边远或者交通不便地区，至迟不得超过 3 日。公安机关在移交前，将被抓获人员送往当地监察机关留置场所临时看管的，当地监察机关应当接收，并保障临时看管期间的安全，对工作信息严格保密。监察机关需要提请公安机关协助将被抓获人员带回的，应当按规定报批，请本地同级公安机关依法予以协助。提请协助时，应当出具《提请协助采取留置措施函》，附《留置决定书》复印件及相关材料。

监察机关对于被通缉人员已经归案、死亡，或者依法撤销留置决定以及发现有其他不需要采取通缉措施情形的，应当经审批出具《撤销通缉通知书》，送交协助采取原措施的公安机关执行。

十四、限制出境

监察机关为防止被调查人及相关人员逃匿境外，按规定报批后，可以依法决定采取限制出境措施，交由移民管理机构执行。县级以上监察机关在重要紧急情况下，经审批可以直接向口岸所在地口岸移民管理机构提请办理临时限制出境措施。

监察机关采取限制出境措施应当出具有关函件，与《采取限制出境措施决定书》一并送交移民管理机构执行。其中，采取边控措施的，应当附《边控对象通知书》；采取法定不批准出境措施的，应当附《法定不批准出境人员通报备案通知书》。限制出境措施有效期不超过 3 个月，到期自动解除。到期后仍有必要继续采取措施的，应当按原程序报批。承办部门应当出具有关函件，在到期前与《延长限制出境措施期限决定书》一并送交移民管理机构执行。延长期限每次不得超过 3 个月。

监察机关接到口岸移民管理机构查获被决定采取留置措施的边控对象的通知后，应当于 24 小时内到达口岸办理移交手续。无法及时到达的，应当委托当地监察机关及时前往口岸办理移交手续，当地监察机关应当予以协助。

对于不需要继续采取限制出境措施的，应当按规定报批，及时予以解除。承办部门应当出具有关函件，与《解除限制出境措施决定书》一并送交移民管理机构执行。

十五、作好笔录

纪检、监察机关接到举报或转交的线索，经初步的调查，可在时机成熟之后再直接与被调查人谈话，核实相关事实，制作谈话笔录。符合立案条件的，经领导决定下达立案决定书。立案后对被调查人的调查称为讯问，制作讯问笔录。调查结案后制作起诉意见书，交由检察院向法院提起诉讼，最后由法院判决。

笔录分三部分，首部、中部和尾部。首部是关于时间、地点，讯问人/调查人/谈话人，被讯问人/被调查人/谈话对象的身份信息，工作单位及职务，住址等信息。中部是主体部分，包括办案人员表明身份，核实被讯问人的身份，权利义务告知，最主要的是讯问问话和回答的内容；主要内容问完后，要问本次讯问中有无非法羁押、虐待体罚、威胁、引诱欺骗或者以其他方法获取供述或者其他证据的情形；以上所讲是否属实。最后尾部是讯问人和被讯问人签名、手印和日期，被讯问人要写"以上笔录我看过，和我说的相符"。页码也要按手印。

关于讯问时间。讯问人员要如实填写讯问时间及起止时间，这是讯问时间合法性重要指标。被讯问人在签字时，也要注意核对讯问的起止时间。起止时间时长和每一次讯问的时间间隔是判断疲劳审讯的重要依据。

1. 问人员。讯问人员是依法履行讯问职责的人员，要手写签名。前面开始部分的签名可以打印，但末尾结束的签名一定要手写，这是讯问人员合法性证明。被讯问人要记清讯问人员的姓名和工作单位，一旦发生违法讯问可以保留线索。

2. 利义务告知。讯问人员表明身份，核对被讯问人身份后，在讯问开始前应当告知被讯问人的权利义务，《权利义务告知书》一式两份，一份被讯问人阅读保留，一份被讯问人签名讯问人员存卷。讯问人员要注意此项工作不能省略，这是讯问过程合法性证明之一。被讯问人员要仔细阅读《权利义务告知书》，在讯问过程中一旦发生违法讯问，可依此争取权利。

3. 问话与回答。讯问人员制作笔录应当详细具体，如实反映问话情况。被讯问人有如实回答的义务，但对与案件无关的问题有拒绝回答的权利。被讯问人回答问题要实事求是，如实回答，不能夸大也不能回避，回答要清晰肯定，有就是有，没有就是没有，不能模棱两可。

4. 关于核对笔录。笔录记载有遗漏或者差错的，应当补充或者更正，由被调查人在补充或者更正处捺指印。被调查人核对无误后，由其在笔录中逐页签名、捺指印。调查人员也应当在笔录中签名。被讯问人有核对笔录的权利，如果笔录记录的不是自己说的话，或者说不能准确表达自己意思有要求修改的权利，如果讯问人员不同意修改被讯问人可以拒绝签字。《权利义务告知书》有相关表述，可以依此提出要求。

"以上笔录我看过，和我说的相符。"这句话是必须要写的，是为了防止被讯问人提出推脱没有核对笔录的说辞。曾经流传有一个案件的当事人在认罪笔录的最后写了"以上笔录我看过，和我说的不一样"，办案人员大意了没有发现。后来到法庭上，被告人以此翻供。

5. 关于指供、诱供、骗供。讯问人员和被讯问人员要高度注意这个问题。原因前面有过阐述，不再重复。要把握住实事求是，如果不是实事的一定不要陈述、承认和认可否则将造成不可挽回的境地，大量事实证明，因陈述不实造成的后果很难纠正。

6. 关于刑讯逼供。近年来，刑讯逼供的现象已比较少见，但是仍然可能会发生。讯问人员要谨记现代刑事司法的理念——无罪推定、证据裁判和程序公正。法律不允许刑讯逼供，出了问题，刑讯逼供要做牢的。即使刑讯逼供罪判的比较轻，但也是属于犯罪，被开除公职等，为了办理案件而使自己犯刑讯逼供罪太不值了。

7. 关于疲劳审讯。疲劳审讯也称为疲劳讯问，是指通过长时间"车轮战"式的连续讯问，剥夺被讯问的犯罪嫌疑人、被告人的必要休息和睡眠时间，令其在肉体和精神两方面达到极端痛苦、疲劳以致丧失反抗意志，从而取得供述。

如果出现被违法疲劳审讯，被调查人可以依据《监察法》第44条规定，要求获得必要的休息。必要的休息时间没有明确规定，可以参考《公安部关于规范和加强看守所管理确保在押人员身体健康的通知》中规定的，看守所应当保障在押人员每天不少于 8 小时睡眠，看守所安排讯问不得影响被讯问人的正常休息以及就餐、疾病治疗。因为每天休息 8 小时是人类正常作息的生理规律，犯罪嫌疑人、被告人在被关押期间亦应享有每天休息至少 8 小时的基本人权，若因审讯时间过长导致犯罪嫌疑人、被告人每天休息时间不足 8 小时，即侵犯了犯罪嫌疑人、被告人正常作息的，属于疲劳审讯，由此取得的言词证据应当予以排除。"疲劳"的界限在哪里？现行法律并未对此做出明确规定。可以参考《道路交通安全法实施条例》中，将"疲劳驾驶"定义为"连续驾驶机动车超过 4 小时未停车休息或者停车休息时间少于 20 分钟",作为一项参考标准。以上这些虽然没有明确法律规定,但作为参考的理论依据应当是没有问题的。

8. 被刑讯逼供或者疲劳审讯作出了违背意志的供述是否能翻供。根据《最高人民法院关于适用〈中华人民共和国刑事诉讼法〉的解释》第 96 条规定:(1)审查被告人供述和辩解,应当结合控辩双方提供的所有证据以及被告人的全部供述和辩解进行。(2)被告人庭审中翻供,但不能合理说明翻供原因或者其辩解与全案证据矛盾,而其庭前供述与其他证据相互印证的,可以采信其庭前供述。(3)被告人庭前供述和辩解存在反复,但庭审中供认,且与其他证据相互印证的,可以采信其庭审供述;被告人庭前供述和辩解存在反复,庭审中不供认,且无其他证据与庭前供述印证的,不得采信其庭前供述。

根据以上规定可以看出,对于被告人供述的采信规则适用证据印证规则。即结合全部证据、全部供述来看,如果庭审中翻供,但不能合理说明翻供原因或者其辩解与全案证据矛盾,而其庭前供述与其他证据相互印证的,可以采信其庭前供述,也就是翻供不被采信。

在被告人庭前供述和辩解存在反复的情况下:(1)庭审中供认,且与其他证据相互印证的,可以采信其庭审供述;(2)被告人庭前供述和辩解存在反复,庭审中不供认,且无其他证据与庭前供述印证的,不得采信其庭前供述。

贿赂案件又有其特殊性,往往只靠口供就能定案,只要行贿人与受贿讲的基本一致,就可以认定,贿赂案件中翻供成功的极其罕见。

第十三章 违法所得的没收程序

CHAPTER 13

一、嫌犯、被告人逃匿、死亡案件违法所得的没收程序的适用条件

对嫌犯、被告人死亡，依刑法规定应追缴其违法所得及其他涉案财产的，适用《刑事诉讼法》第五编特别程序第三章嫌犯、被告人逃匿、死亡案件违法所得的没收程序，由检察院向法院提出没收违法所得的申请。

嫌犯、被告人逃匿、死亡案件违法所得的没收程序的三个适用条件：（1）嫌犯、被告人逃匿（①嫌犯、被告人为逃避侦查和刑事追究潜逃、隐匿，或在刑诉过程中脱逃的，应认定为逃匿。②嫌犯、被告人因意外事故下落不明满2年，或因意外事故下落不明，经有关机关证明其不可能生存的，按逃匿规定处理）、死亡案件违法所得（①嫌犯、被告人通过实施犯罪直接或间接产生、获得的任何财产，应认定为违法所得。②违法所得已部分或全部转变、转化为其他财产的，转变、转化后的财产应视为违法所得。③来自违法所得转变、转化后的财产收益，或来自已与违法所得相混合财产中违法所得相应部分的收益，也应视为违法所得）的没收程序只能适用于贪污贿赂犯罪、恐怖活动犯罪等重大犯罪案件。（2）嫌犯、被告人逃匿、死亡案件违法所得的没收程序的嫌犯、被告人须是逃匿后在通缉1年后不能到案的，或嫌犯、被告人死亡的。（3）依《刑法》规定应追缴其违法所得及其他涉案财产（嫌犯、被告人非法持有的违禁品、供犯罪所用的本人财物）的。

二、嫌犯、被告人逃匿、死亡案件违法所得的没收程序的适用范围

从立法解释的角度看，嫌犯、被告人死亡案件范围不限于贪污贿赂犯罪、恐怖活动犯罪、重大犯罪案件，只要有违法所得及其他涉案财产需追缴的，均可适用违法所得没收程序。

对贪污贿赂犯罪、恐怖活动犯罪等重大犯罪案件，嫌犯、被告人逃匿，在通缉 1 年后不能到案，或嫌犯、被告人死亡，依刑法规定应追缴其违法所得及其他涉案财产的，检察院可向法院提出没收违法所得的申请。公安机关认为有贪污贿赂犯罪、恐怖活动犯罪等重大犯罪案件，嫌犯、被告人逃匿，在通缉 1 年后不能到案，或嫌犯、被告人死亡，依刑法规定应追缴其违法所得及其他涉案财产的情形的，应写出《没收违法所得意见书》，移送检察院。没收违法所得的申请应提供与犯罪事实、违法所得相关的证据材料，并列明财产的种类、数量、所在地及查封、扣押、冻结的情况。法院在必要时，可查封、扣押、冻结申请没收的财产。

三、嫌犯、被告人逃匿、死亡案件违法所得的没收程序的具体操作

从审理公开原则的角度看，嫌犯、被告人逃匿、死亡案件违法所得没收案件的审理具有原则性、例外性，以公开开庭审理为原则，以不开庭审理为例外。

没收违法所得的申请，由犯罪地或嫌犯、被告人居住地的中级人民法院组成合议庭进行审理。法院受理没收违法所得的申请后，应发出公告；公告期间为 6 个月。嫌犯、被告人的近亲属和其他利害关系人有权申请参加诉讼，也可委托诉讼代理人参加诉讼。（1）法院在公告期满后对没收违法所得的申请进行审理。利害关系人参加诉讼的，法院应开庭审理。法院经审理，对经查证属于违法所得及其他涉案财产，除依法返还被害人的以外，应裁定予以没收；对不属于应追缴的财产的，应裁定驳回申请，解除查封、扣押、冻结措施。对法院依前款规定作出的裁定，嫌犯、被告人的近亲属和其他利害关系人或检察院可提出上诉、抗诉。（2）在审理过程中，在逃

的嫌犯、被告人自动投案或被抓获的，法院应终止审理。没收嫌犯、被告人财产确有错误的，应返还、赔偿。

（一）嫌犯、被告人逃匿、死亡案件违法所得案件没收程序的启动

从司法实践、社会实践的角度看，应依据诉讼阶段相应启动违法所得没收程序。（1）侦查阶段，公安机关对符合贪污贿赂犯罪、恐怖活动犯罪等重大犯罪案件，嫌犯、被告人逃匿，在通缉1年后不能到案，或嫌犯、被告人死亡，依刑法规定应追缴其违法所得及其他涉案财产的情形的，依刑法规定应追缴其违法所得及其他涉案财产的，经县级以上公安机关负责人批准，应出具《没收违法所得意见书》，连同相关证据材料一并移送同级检察院或监察委员会。（2）检察院、监察委员会在办理职务犯罪案件过程中，对符合贪污贿赂犯罪、恐怖活动犯罪等重大犯罪案件，嫌犯、被告人逃匿，在通缉1年后不能到案，或嫌犯、被告人死亡，依刑法规定应追缴其违法所得及其他涉案财产的案件，应依法启动违法所得没收程序。（3）嫌犯、被告人同时符合违法所得案件的没收程序的适用条件，需对其违法所得及其他涉案财产予以没收的，应由检察院向法院提出没收违法所得的申请。

公安机关侦查刑事案件涉及检察院管辖的贪污贿赂案件时，应将贪污贿赂案件移送检察院；检察院侦查贪污贿赂案件涉及公安机关管辖的刑事案件，应将属于公安机关管辖的刑事案件移送公安机关。在上述情况中，若涉嫌主罪属于公安机关管辖，由公安机关为主侦查，检察院予以配合；若涉嫌主罪属于检察院管辖，由检察院为主侦查，公安机关予以配合。

（二）嫌犯、被告人逃匿、死亡案件违法所得案件没收程序及《没收违法所得意见书》的提出和审查

检察院审查监察机关或公安机关移送的《没收违法所得意见书》，向法院提出没收违法所得的申请以及对违法所得没收程序中调查活动、审判活动的监督，由负责捕诉的部门办理。

检察院向法院提出没收违法所得的申请，应制作没收违法所得申请书（应载明嫌犯、被告人的基本情况，包括姓名、性别、出生

年月日、出生地、户籍地、公民身份号码、民族、文化程度、职业、工作单位及职务、住址等；案由及案件来源；嫌犯、被告人的犯罪事实及相关证据材料；嫌犯、被告人逃匿、被通缉或死亡的情况；申请没收的财产种类、数量、价值、所在地以及查封、扣押、冻结财产清单和相关法律手续；申请没收的财产属于违法所得及其他涉案财产的相关事实及证据材料；提出没收违法所得申请的理由和法律依据；有无近亲属和其他利害关系人以及利害关系人的姓名、身份、住址、联系方式；其他应写明的内容 9 种内容）。《没收违法所得申请书》的内容材料需翻译件的，检察院应随《没收违法所得申请书》一并移送法院。

检察院审查监察机关或公安机关移送的《没收违法所得意见书》，应审查是否属于本法院管辖；是否符合对贪污贿赂犯罪、恐怖活动犯罪等重大犯罪案件，嫌犯、被告人逃匿，在通缉 1 年后不能到案，或嫌犯、被告人死亡，依刑法规定应追缴其违法所得及其他涉案财产的，检察院可向法院提出没收违法所得的申请的条件；嫌犯基本情况，包括姓名、性别、国籍、出生年月日、职业和单位等；嫌犯涉嫌犯罪的事实和相关证据材料；嫌犯逃匿、下落不明、被通缉或死亡的情况，通缉令或死亡证明是否随案移送；违法所得及其他涉案财产的种类、数量、所在地以及查封、扣押、冻结的情况，查封、扣押、冻结的财产清单和相关法律手续是否随案移送；违法所得及其他涉案财产的相关事实和证据材料；有无近亲属和其他利害关系人以及利害关系人的姓名、身份、住址、联系方式这些内容。对与犯罪事实、违法所得及其他涉案财产相关的证据材料，不宜移送的，应审查证据的清单、复制件、照片或其他证明文件是否随案移送。

（三）嫌犯、被告人逃匿、死亡案件违法所得案件没收程序没收违法所得申请的提出和审查

没收违法所得的申请，应由有管辖权的中级人民法院的同级人民检察院提出。对贪污贿赂犯罪、恐怖活动犯罪等重大犯罪案件，嫌犯、被告人逃匿，在通缉 1 年后不能到案，依刑法规定应追缴其违法所得及其他涉案财产的，检察院可向法院提出没收违法所得的申请。对嫌犯、被告人死亡，依刑法规定应追缴其违法所得及其他

涉案财产的，检察院也可向法院提出没收违法所得的申请。

监察机关或公安机关向检察院移送《没收违法所得意见书》的审查：（1）监察机关或公安机关向检察院移送《没收违法所得意见书》，应由有管辖权的检察院的同级监察机关或公安机关移送。（2）检察院应在接到监察机关或公安机关移送的《没收违法所得意见书》后30日内作出是否提出没收违法所得申请的决定。30日内不能作出决定的，可延长15日。（3）检察院对监察机关或公安机关移送的没收违法所得案件，经审查认为不符合是否属于本法院管辖；是否符合对贪污贿赂犯罪、恐怖活动犯罪等重大犯罪案件，嫌犯、被告人逃匿，在通缉1年后不能到案，或嫌犯、被告人死亡，依刑法规定应追缴其违法所得及其他涉案财产的，检察院可向法院提出没收违法所得的申请的条件，应作出不提出没收违法所得申请的决定，并向监察机关或公安机关书面说明理由；认为需补充证据的，应书面要求监察机关或公安机关补充证据，必要时也可自行调查。（4）监察机关或公安机关补充证据的时间不计入检察院办案期限。

检察院对公安机关应启动违法所得没收程序的审查：（1）检察院发现公安机关应启动违法所得没收程序而不启动的，可要求公安机关在7日内书面说明不启动的理由。经审查，认为公安机关不启动理由不能成立的，应通知公安机关启动程序。（2）检察院发现公安机关在违法所得没收程序的调查活动中有违法情形的，应向公安机关提出纠正意见。（3）在审查监察机关或公安机关移送的没收违法所得意见书的过程中，在逃的嫌犯、被告人自动投案或被抓获的，检察院应终止审查，并将案卷退回监察机关或公安机关处理。（4）检察院直接受理侦查的案件，嫌犯死亡而撤销案件，符合是否属于本院管辖；是否符合对贪污贿赂犯罪、恐怖活动犯罪等重大犯罪案件，嫌犯、被告人逃匿，在通缉1年后不能到案，或嫌犯、被告人死亡，依刑法规定应追缴其违法所得及其他涉案财产的，检察院可向法院提出没收违法所得的申请的条件，负责侦查的部门应启动违法所得没收程序进行调查。①负责侦查的部门进行调查应查明嫌犯涉嫌的犯罪事实，嫌犯死亡的情况，以及嫌犯的违法所得及其他涉案财产的情况，并可对违法所得及其他涉案财产依法进行查封、扣押、查询、冻结。②负责侦查的部门认为符合对贪污贿赂犯罪、恐怖活动犯罪等重大犯罪案件，嫌犯、被告人逃匿，在通缉 1 年后不能到案，或嫌犯、被告人死亡，依《刑法》规定应追缴其违法所得及其他涉案财产的，检察院可向法院提出没收违法所得的申请规定条件的，应写出《没收违法所得意见书》，连同案卷材料一并移送有管辖权的检察院负责侦查的部门，并由有管辖权的检察院负责侦查的部门移送本院负责捕诉的部门。③负责捕诉的部门对《没收违法所得意见书》进行审查，作出是否提出没收违法所得申请的决定，按《人民检察院刑事诉讼规则》第 522、523 条具体程序办理。（5）在检察院审查起诉过程中，嫌犯死亡，或贪污贿赂犯罪、恐怖活动犯罪等重大犯罪案件的嫌犯逃匿，在通缉 1 年后不能到案，依刑法规定应追缴其违法所得及其他涉案财产的，检察院可直接提出没收违法所得的申请。在法院审理案件过程中，被告人死亡而裁定终止审理，或被告人脱逃而裁定中止审理，检察院可依法另行向法院提出没收违法所得的申请。（6）法院对没收违法所得的申请进行审理，检察院应承担举证责任。法院对没收违法所得的申请开庭审理的，检察院应派员出席法庭。（7）出席法庭的检察官应宣读《没收违法所得申请书》，并在法庭调查阶段就申请没收的财产属于违法所得及其他涉案财产等相关事实出示、宣读证据。（8）检察院发现法院或审判人员审理没收违法所得案件违反法律规定的诉讼程序，应向法院提出纠正意见。①检察院认为同级法院按违法所得没收程序所作的第一审裁定确有错误的，应在 5 日内向上一级法院提出抗诉。②最高人民检察院、省级人民检察院认为下级法院按违法所得没收程序所作的已发生法律效力的裁定确有错误的，应按审判监督程序向同级法院提出抗诉。（9）在审理案件过程中，在逃的嫌犯、被告人自动投案或被抓获，法院按《刑事诉讼法》第 301 条第 1 款的规定终止审理的，检察院应将案卷退回监察机关或公安机关处理。（10）对贪污贿赂犯罪、恐怖活动犯罪等重大犯罪案件，嫌犯、被告人逃匿，在通缉 1 年后不能到案，或嫌犯、被告人死亡，依《刑法》规定应追缴其违法所得及其他涉案财产的，检察院可向法院提出没收违法所得的申请规定外需没收违法所得的，按有关规定执行。

（四）嫌犯、被告人逃匿、死亡案件违法所得案件没收程序的
　　审理

没收违法所得的申请，由犯罪地或嫌犯、被告人居住地的中级
人民法院组成合议庭进行审理。法院受理没收违法所得的申请后，
应发出公告；公告期间为 6 个月。法院在公告期满后对没收违法所
得的申请进行审理。

对法院依法作出的没收违法所得的裁定，嫌犯、被告人的近亲
属和其他利害关系人或检察院可在 5 日内提出上诉、抗诉。

对法院依法院经审理，对经查证属于违法所得及其他涉案财产，
除依法返还被害人外，应裁定予以没收；对不属于应追缴的财产的，
应裁定驳回申请，解除查封、扣押、冻结措施的规定作出的裁定，
嫌犯、被告人的近亲属和其他利害关系人或检察院可提出上诉、
抗诉。

四、律师对嫌犯、被告人逃匿、死亡案件进行刑事辩护的注意事项

（一）没收财产范围的注意事项

没收财产的刑法根据：（1）没收财产是没收犯罪分子个人所有
财产的一部或全部。没收全部财产的，应对犯罪分子个人及其扶养
的家属保留必需的生活费用。在判处没收财产的时候，不得没收属
于犯罪分子家属所有或应有的财产。（2）没收财产以前犯罪分子所
负的正当债务，需要以没收的财产偿还的，经债权人请求，应偿还。
（3）犯罪分子违法所得的一切财物，应予以追缴或责令退赔；对被
害人的合法财产，应及时返还；违禁品和供犯罪所用的本人财物，
应予以没收。没收的财物和罚金，一律上缴国库，不得挪用和自行
处理。

没收财产的范围：（1）没收财产是没收犯罪分子个人所有财产
的一部或全部。（2）没收全部财产的，应对犯罪分子个人及其扶养
的家属保留必需的生活费用，以维持犯罪分子个人和扶养的家属的
生活。（3）判处没收财产，不得没收属于犯罪分子纯属家属个人所
有或家庭共同所有的财产中应属于家属的应有财产 。对犯罪分子与

他人共有的财产，属于他人所有的部分，也不得没收。

（二）没收财产程序的注意事项

对贪污贿赂犯罪、恐怖活动犯罪等重大犯罪案件，嫌犯、被告人逃匿，在通缉1年后不能到案，依刑法规定应追缴其违法所得及其他涉案财产的，检察院可向法院提出没收违法所得的申请。对嫌犯、被告人死亡，依刑法规定应追缴其违法所得及其他涉案财产的，检察院也可向法院提出没收违法所得的申请。

负责侦查的部门进行调查应查明嫌犯涉嫌的犯罪事实，嫌犯死亡的情况，以及嫌犯的违法所得及其他涉案财产的情况，并可对违法所得及其他涉案财产依法进行查封、扣押、查询、冻结。

在检察院审查起诉过程中，嫌犯死亡，或贪污贿赂犯罪、恐怖活动犯罪等重大犯罪案件的嫌犯逃匿，在通缉1年后不能到案，依刑法规定应追缴其违法所得及其他涉案财产的，检察院可直接提出没收违法所得的申请。

在法院审理案件过程中，因被告人死亡而裁定终止审理的，或因被告人脱逃而裁定中止审理的，检察院可依法另行向法院提出没收违法所得的申请。

法院对没收违法所得的申请进行审理，检察院应承担举证责任。法院对没收违法所得的申请开庭审理的，检察院应派员出席法庭。

对贪污贿赂犯罪、恐怖活动犯罪等重大犯罪案件，犯罪嫌疑人、被告人逃匿，在通缉1年后不能到案，或犯罪嫌疑人、被告人死亡，依照刑法规定应追缴其违法所得及其他涉案财产的，检察院可以向法院提出没收违法所得的申请。公安机关认为有前款规定情形的，应写出《没收违法所得意见书》，移送检察院。没收违法所得的申请应提供与犯罪事实、违法所得相关的证据材料，并列明财产的种类、数量、所在地及查封、扣押、冻结的情况。法院在必要的时候，可以查封、扣押、冻结申请没收的财产。

检察院对查封、扣押、冻结的被告人财物及其孳息，应根据不同情况作4种方式处理：（1）对作为证据使用的实物，应依法随案移送；对不宜移送的，应将其清单、照片或其他证明文件随案移送。（2）冻结在金融机构、邮政部门的违法所得及其他涉案财产，应向法院随案移送该金融机构、邮政部门出具的证明文件。待法院作出生效判决、裁定后，由法院通知该金融机构上缴国库。(3) 查封、扣押的涉案财物，对依法不移送的，应随案移送清单、照片或其他证明文件。待法院作出生效判决、裁定后，由检察院根据法院的通知上缴国库，并向法院送交执行回单。(4) 对被扣押、冻结的债券、股票、基金份额等财产，在扣押、冻结期间权利人申请出售的，参照《人民检察院刑事诉讼规则》第214条的规定办理。

附 录 **APPENDIX** | **42个职务犯罪无罪判决**

我国的司法制度决定了无罪判决的比例较低，根据最近几年的统计，无罪判决率维持在8‰左右，除去约一半左右的自诉无罪案件，实际无罪判决率为3‰~4‰。而职务犯罪案件的无罪辩护更是异常困难。作者搜集到42份涉及职务犯罪的无罪判决，限于篇幅所限，只摘录了这些无罪判决的理由，希望这些无罪判决的理由给大家以启示，可以从中借鉴。

案例一、郑子罕犯挪用公款罪再审案

审理法院：浙江省杭州市中级人民法院 案号：[2013] 浙杭刑再字第2号

【无罪理由】法院认为，综合原审和再审的审理情况，教研室与出版社签订的出版合同中，收益的8%部分系由出版社代扣个人所得税后，以稿费的名义直接打入郑某罕的个人账户，作为给郑某罕和其他编者的酬劳；涉案的51万元款项作为8%款项的一部分，系郑某罕发放给其他编者的款项，该部分款项虽然不属郑某罕所有，但将郑某罕挪用其他编者款项的行为性质认定为挪用公款，依据不足。对于原审被告人郑某罕及其辩护人提出本案不构成挪用公款罪的意见，法院予以采纳。

案例二、黄某、俞某等犯职务侵占罪、贪污罪一审刑事判决书

审理法院：浙江省平湖市人民法院 案号：[2014] 嘉平刑初字第795号

【无罪理由】法院认为，职务侵占罪的犯罪主体要件系公司、企

业或者是其他单位的人员，本案中被告人黄某等四人在2000年全塘社改制之后，其身份已经完全置换，与全塘社或平湖市供销合作总社均没有劳动关系，平湖市供销合作总社也没有任何文件任命被告人黄某等四人的职务，且2001年6月签订的改制协议，确认全塘社改制实行的是租赁经营的方式，虽有证人证实该租赁协议实际未能履行，但公诉机关也未能提供其他书面协议推翻该租赁关系的存在事实，故公诉机关指控被告人黄某等四人构成职务侵占罪的主体不适格。

贪污罪的构成要件是国家工作人员利用职务上的便利，侵吞、窃取、骗取或者以其他手段非法占有公共财物的行为或受国家机关、国有公司、企业、事业单位、人民团体委托管理、经营国有财产的人员，利用职务上的便利，侵吞、窃取、骗取或者以其他手段非法占有国有财物的行为。公共财产包括国有财产和集体所有的财产，本案中全塘供销合作社的财产性质为集体所有的财产，虽在2006年5月，平湖市供销合作总社被批准为事业单位，但其委托被管理的资产系集体所有的财产，非国有财产，同时被告人黄某等四人虽在2006年12月被平湖市供销合作总社任命为全塘供销合作社的理事会成员，但镇一级的供销合作社属于企业性质，故被告人黄某等四人不属于国家工作人员；同时被告人黄某等四人根据2010年1月份的委托资产管理协议，属于接受委托管理集体资产，故也不属于事业单位委派到非国有公司、企业单位从事公务的人员。故被告人黄某等四人不属于国家工作人员，接受委托管理的也非国有财物，不符合贪污罪的犯罪构成要件。

对于公诉机关指控被告人黄某的行为构成挪用公款罪，因被告人黄某不属于国家工作人员，故主体也不适格。

法院认为，公诉机关指控被告人黄某犯职务侵占罪、贪污罪、挪用公款罪，指控被告人俞某、姜某、朱某犯职务侵占罪、贪污罪缺乏法律依据和事实依据，指控的罪名均不能成立。四被告人及其辩护人对此提出的辩解和辩护意见，法院予以采纳。判决被告人黄某无罪；被告人姜某无罪；被告人俞某无罪；被告人朱某无罪。

案例三、张某职务侵占案二审刑事判决书

审理法院：新疆生产建设兵团第（农）八师中级人民法院　案号：[2015] 兵八刑终字第 1 号

【无罪理由】法院认为：一审判决认定张某构成职务侵占罪的证据不足。

1. 一审判决认定张某将李某新支付给隆盛种业公司的 11 989 元货款侵占，证据不足。（1）根据隆盛种业公司 2008 年修订的公司章程，张某作为隆盛种业公司的总经理，免去经理职务需隆盛种业公司股东会讨论决定，但本案中无免去张某总经理职务的股东会决议记录；（2）隆盛商贸公司 2009 年 7 月 29 日打印的决算报表中虽未记载张某 2009 年 5 月 12 日收取李某新 11 989 元货款，但该报表的统计周期为 2008 年 6 月 1 日至 2009 年 5 月 31 日。根据查明的事实该期间隆盛商贸公司会计刘某某同时兼任隆盛种业公司会计，刘某某的工作地点在石河子市，隆盛种业公司当时主要业务发生地在南疆，刘某某是根据从南疆转递过来的隆盛种业公司的票据进行做账，二者之间存有一定的时间差，而且隆盛商贸公司提供的决算报表只有打印时间，没有录入时间，不能全面反映隆盛商贸公司 2008 年 6 月 1 日至 2009 年 5 月 31 日的经营支出；（3）证人刘某某、闫某证实张某在南疆工作期间为购买礼品用于拓展公司业务，证人陈某某证实 2009 年 9 月、12 月张某给其付烟酒款 12 640 元，并出具了相关收条，结合张某关于 11 989 元用途的供述，不能排除张某将 11 989 元用于归还其为拓展业务在陈某某处的欠款；（4）在隆盛商贸公司提供的决算报表中，张某注明愿对决算报表以外的合同业务及帐外业务承担个人责任，故说明张某缺乏侵占该笔货款的主观故意。因此，一审判决认定该 11 989 元被张某侵占，证据不足。

2. 一审判决认定上诉人张某侵占隆盛种业公司粉碎机出售款 50 000 元，证据不足。（1）根据现有证据张某 2007 年因种业公司经营需要向黄某某借款 100 000 元用于公司经营，2008 年其为归还黄某某欠款又向陈某某借款 50 000 元；（2）证人陈某某当庭关于张某归还欠款的时间与其庭前证言虽有出入，但其已就此作出解释，且

该当庭证言能与本案的其他证据佐证，故陈某某 2014 年 7 月 9 日在法院的当庭证言可以采信；（3）隆盛商贸公司提供的决算报表计算周期为 2008 年 6 月 1 日至 2009 年 5 月 31 日，故 2009 年 7 月张某出售粉碎机的行为不可能反映在该份报表中，故根据该决算报表认定张某将粉碎机款 50 000 元侵占，证据不足。因此，一审判决认定该 50 000 元被张某侵占，证据不足。

综上，一审判决认定上诉人张某犯职务侵占罪的证据不足，上诉人张某及其辩护人，新疆生产建设兵团人民检察院第八师分院关于上诉人张×不构成职务侵占罪的意见成立，法院予以采纳。

案例四、周某甲犯职务侵占罪二审刑事判决书

审理法院：四川省宜宾市中级人民法院　案号：[2015] 宜刑终字第 3 号

【无罪理由】法院认为，上诉人周某甲与宋某甲等六人共同出资成立正原化工公司（简称"正原公司"），准备建设新型石灰窑生产石灰产品。正原公司成立后，为实现生产目的，相继出资购买了本案涉案的柳工 CLG842 型装载机一台用于工地建设，以及用于建窑的新选厂址白岩青石厂。在购买白岩青石厂后，因购厂价格高低问题，股东间发生激烈争吵，继而周某甲、王某乙、王某丙等三股东离开了股东会现场。后上诉人周某甲采取虚构相关入伙、退伙手续，将白岩青石厂经工商变更登记在其妻和岳母等人名下，予以控制。后经天金公司王某丁协调，除宋某甲、连某某之外，正原公司其余五名股东召开退股会，周某甲、王某乙、王某丙及孙某某在王某丁草拟、准予周某甲等三股东退股的退股协议上签字，宋某乙未签字认可。随后，上诉人周某甲虚构装载机为向周某乙购得的事实，通过虚假评估、验资，使装载机成为白岩青石厂资产，并以白岩青石厂等名义发起成立金林化工公司，新公司建成石灰窑并投产。在白岩青石厂工商变更登记、提供资产评估验资过程中，上诉人周某甲确有虚构白岩青石厂合伙情况、隐瞒装载机产权来源等行为，但上述行为系在股东间发生纠纷、签订退股协议后相继发生，其中退股协议中载明周某甲等股东分得石灰窑项目，而装载机也是为建设石灰窑项目所购买。在此过程中，上诉人周某甲利用其股东身份及身在建设施工现场的便利，就近占据控制了白岩青石厂及装载机等正原公司部分资产，而非利用其所担任正原公司总经理的职务便利。上诉人周某甲基于自己成立公司建设石灰窑目的，占有正原公司购买的白岩青石厂、装载机，既未利用其任总经理的职务便利，主观上也无非法占有公司财产的故意。因此，本案实质上是股东间因退股和财产分割引起的民事纠纷，争议双方可以通过平等协商、第三方调解或者民事诉讼等方式解决。原判未考虑本案股东间发生剧烈冲突及召开退股会、签订退股协议等事由，将上诉人周某甲占有正原公司柳工 GLC842 型装载机的行为与占有白岩青石厂的行为分割开，将前者认定为职务侵占罪，将后者认定为民事纠纷，确有不当，法院予以纠正。

案例五、马某挪用公款罪二审刑事判决书

审理法院：安徽省合肥市中级人民法院　案号：［2014］合刑终字第 00356 号

【无罪理由】法院针对原判认定上诉人马某犯挪用公款罪的事实、证据，以及上诉人马某上诉理由和辩护人发表的书面辩护意见，结合控辩双方在一审当庭举证和质证的证据及法庭辩论中提出的意见，认为上诉人马某挪用公款 50 万元成立自然人为股东的卓越公司，现有证据不能完全排除其行为是为了单位利益的可能性。具体理由如下：

现有证据查明生产力中心是直属省科技厅的自收自支国有事业单位，资金独立核算、自负盈亏，同时马某及生产力中心其他在编或聘用职工的工资福利均由该中心承担。在此情形下，作为生产力中心的法定代表人马某辩解称为谋求自身生存和发展，在其经营、管理过程中成立新的公司，并对该公司进行经营、管理，有其正当性。

上诉人马某辩解其成立卓越公司的目的是为了生产力中心承接新项目，与辩方提供的关于成立卓越公司原因的相关书证材料相印证，同时该公司成立的时间与辩方提供的相关证据材料相吻合。故

上诉人马某辩解成立卓越公司的目的有其合理性。

辩方提供的证据证明卓越公司成立后，开展了清洁生产能力建设项目，且为生产力中心培养了7名专业性人才，因成绩突出，生产力中心获得了表彰。该事实经庭审查证属实。故上诉人马某甲及其辩护人认为马某以生产力中心负责人成立卓越公司是为单位谋取利益有其现实性。

辩方提供的相关证据能证实卓越公司开展的清洁生产能力建设项目时间和经营活动有一定的公开性，且该公司的经营、管理与以上诉人马某为法定代表人的生联公司、兴企研究会在人员管理、公司运作模式等方面相一致。

综上，原判虽基于上诉人马某在卷供述，相关书证及证人证言等证据认定上诉人马某在未向生产力中心的上级主管单位省科技厅及相关领导报告的情况下，利用职务上的便利，擅自挪用公款注册成立以自然人为股东的公司，构成挪用公款的事实，但现有证据查明卓越公司自成立至案发，时间长达二年多，且该公司账上资金和所获利润未被再挪用，也未被包括马某甲在内的股东据为己有。原公诉机关提供的现有证据不能完全排除上诉人马某甲的行为是为了单位利益的可能性。

法院认为：原审法院认定上诉人马某使用本单位资金成立自然人为股东公司的事实成立，但现有证据不能完全排除上诉人马某的行为是为了单位利益的可能性。原审法院对所认定的上诉人马某行为构成挪用公款罪的事实未能达到证据充分，且未达到完全排除一切合理怀疑的程度。因此，原判认定上诉人马某犯挪用公款罪的事实不清，证据不足，原公诉机关指控上诉人马某所犯罪名不能成立。

案例六、黄某贪污罪一审刑事判决书

审理法院：北京市东城区人民法院　案号：［2013］东刑初字第321号

【无罪理由】法院认为，根据在案证据，可以确认被告人黄某在涉案期间支取中体旅公司人民币267.8万元并由其个人实际支配的事实。本案争议焦点在于：（1）黄某支取相应款项是否存在合理事

由，即中体旅公司是否允许公司内部员工按照拉取赞助费的 20%~25% 提取代理费由个人支配；（2）起诉书指控的 267.8 万元中的 36.5 万元一笔是否由黄某以机票款的名义支取并非法占有。

关于焦点一，公诉机关提供的证人证言及相应书证证明中体旅公司不允许内部员工提取赞助费佣金。而辩方提供的到庭证人证言及相应书证证明公司存在"奖励为公司拉赞助的个人中介费（佣金）按 20%~25%，由部门或经办人负责"的规定。公诉机关虽对辩方证据的真实性及证明力提出异议，但在无客观证据证实中体旅公司关于赞助费代理佣金给付的具体规定的情况下，不能推翻辩方观点。故起诉书指控被告人黄某以支付代理费佣金为由，以支付世界杯退团款的名义，将相应钱款支取后予以占有构成贪污罪，事实不清，证据不足。

关于焦点二，现有证据表明，中体旅公司账目及下设的咨询公司账目中存在两笔数额同为人民币 36.5 万元的款项支出，但北极星公司仅于 2002 年 8 月 19 日收到一笔从中体旅公司账户转入的 36.5 万元。从时间顺序、单据形式及内部逻辑关系分析，咨询公司账本中粘贴的材料内容与此 36.5 万元款项支取关联性很强，故辩护人所提可能是财务人员将相应单据粘错的观点无法排除。公诉机关以公司账目中记载并附有"大诚航空公司"机票款发票，黄某又不能对此说明用途，即认定为黄某骗领、贪污了此笔款项，证据不足。

综上，法院认为，现有证据不能证实被告人黄某存在利用职务之便，侵吞或骗取公司公款的主观故意及客观行为。公诉机关指控被告人黄某犯贪污罪，事实不清，证据不足。被告人黄某及辩护人相应辩解及辩护意见法院予以采纳。

案例七、王某职务侵占罪一审刑事判决书

审理法院：北京市丰台区人民法院　案号：[2012] 丰刑再初字第 00885 号

【无罪理由】法院认为，公诉机关指控王某冒领临时工工资的事实，公诉机关对王某提供的与金王公司签订的承包合同及合同的具体内容未提出异议，并认可双方存在承包关系。公诉机关指控王某侵占公司两起货款，公诉机关提供证据无法形成证据链条。综上，公诉机关起诉书指控王某犯职务侵占罪，但其提供的证据没有形成完整的证据链支持其对王某犯职务侵占罪的指控。经法院审判委员会讨论决定，王某犯职务侵占罪证据不足，公诉机关对王某犯职务侵占罪的指控不能成立，应作出证据不足，指控的犯罪不能成立的无罪判决。原审对王某的判决有误，法院重审予以纠正。王某及其辩护人关于王某无罪的辩护意见，法院予以采纳。

案例八、张某受贿罪一审刑事判决书

审理法院：北京市西城区人民法院 案号：[2014]西刑初字第600号

【无罪理由】针对公诉机关及被告人张某的辩护人提交的上述证据材料，经当庭质证法院的认证如下：受贿罪的本质是权钱交易，根据现有证据分析，不排除被告人张某在宴请上提到过为朝阳区争取使用地方政府性债务的问题，但是当时主要是进行政策介绍和电话咨询，没有证据显示其实施了进一步的行为，比如帮助立项等，也没有证据证明被告人张某具有决定该事情的权力。被告人张某虽然承认收取佟某的款物，但本案尚不能排除被告人张某与佟某之间存在恋爱关系、具有感情纠葛的合理怀疑，以及佟某因感情因素而给予被告人张某款物的可能性。因此，现有证据无法充分证明被告人张某收受款物与谋取利益之间具有法律上的因果关系。

法院认为，公诉机关当庭提交的证据，无法充分证明被告人张某利用职务便利，收受他人财物，为他人谋利的事实。北京市西城区人民检察院指控被告人张某犯受贿罪的证据不足，指控的犯罪不能成立。被告人张某及其辩护人提出的被告人张某无罪的辩解和辩护意见法院予以采纳。

案例九、陈某某挪用公款罪二审刑事判决书

审理法院：福建省福州市中级人民法院 案号：[2014]榕刑终字第308号

【无罪理由】无论是挪用给本人使用的80万元，还是挪用给他人使用的220万元，均可以认定系"为了单位利益"。上诉人陈某某及同案人郭某某的行为，属于单位负责人为了单位的利益，决定将公款给个人使用的情况。根据《全国法院审理经济犯罪案件工作座谈会纪要》第四点关于挪用公款罪（一）单位决定将公款给个人使用行为的认定中规定"经单位领导集体研究决定将公款给个人使用，或者单位负责人为了单位的利益，决定将公款给个人使用的，不以挪用公款罪定罪处罚。上述行为致使单位遭受重大损失，构成其他犯罪的，依照刑法的有关规定对责任人员定罪处罚"，上诉人陈某某的行为不构成犯罪。诉、辩称上诉人陈某某属无罪的意见成立，本院予以采纳。

案例十、陈某受贿案一审刑事判决书

审理法院：福州铁路运输法院　　案号：［2013］福铁刑初字第31号

【无罪理由】 法院认为，公诉机关指控被告人陈某隐瞒向铁四院索取配合费人民币 5 万元并秘密侵吞该款的事实不清，证据不足，指控的罪名不能成立。辩护人提出的关于证人杨某乙的证言应予排除以及起诉书所指控的被告人索贿 5 万元的犯罪事实不清、证据不足，指控的犯罪不能成立的辩护意见，符合查证的事实和相关法律规定，应予支持。

案例十一、郭某宁挪用公款刑事二审判决书

审理法院：福建省福州市中级人民法院　　案号：［2014］榕刑终字第 307 号

【无罪理由】 无论是挪用给本人使用的 80 万元，还是挪用给他人使用的 90 万元，均可以认定系"为了单位利益"。上诉人郭某宁及同案人陈某金的行为，属于单位负责人为了单位的利益，决定将公款给个人使用的情况。根据《全国法院审理经济犯罪案件工作座谈会纪要》第四点关于挪用公款罪（一）单位决定将公款给个人使用行为的认定中规定"经单位领导集体研究决定将公款给个人使用，或者单位负责人为了单位的利益，决定将公款给个人使用的，不以挪用公款罪定罪处罚。上述行为致使单位遭受重大损失，构成其他犯罪的，依照刑法的有关规定对责任人员定罪处罚",上诉人郭某宁的行为不构成犯罪。诉、辩称上诉人郭某宁属无罪的意见成立,本院予以采纳。

法院认为,上诉人郭某宁及同案人陈某金的行为,属于单位负责人为了单位的利益,决定将公款给个人使用的情况,根据《最高人民法院关于印发〈全国法院审理经济犯罪案件工作座谈会纪要〉的通知》(法发〔2003〕167号)的规定,上诉人郭某宁的行为不构成挪用公款罪。原判认定上诉人郭某宁的行为构成挪用公款罪属定性错误,应予纠正。平潭县人民检察院指控郭某宁的行为构成挪用公款罪,不能成立。

案例十二、黄某某贪污罪二审刑事判决书

审理法院:福建省福州市中级人民法院 案号:〔2014〕榕刑终字第703号

【无罪理由】法院认为,上诉人黄某某的行为不构成贪污罪。首先,上诉人黄某某利用个人专长,在业余时间翻译涉外公证文书,其收取的翻译费应归个人所有,翻译费虽存放于福清公证处副主任林某甲处,但不宜据此认定为《刑法》第91条第2款规定的"在国家机关、国有公司、企业、集体企业和人民团体管理、使用或者运输中的私人财产",因此上诉人黄某某收取的翻译费不能认定为公共财产;其次,上诉人黄某某的行为并未导致国家、集体或他人的财产利益受到损失,不具有社会危害性。综上,上诉人黄某某及其辩护人的相关辩护意见法院予以采纳。原判认定上诉人黄某某构成贪污罪不当,法院应予以纠正。

案例十三、刘某某贪污二审刑事判决书

审理法院:福建省福州市中级人民法院 案号:〔2013〕榕刑终字第69号

【无罪理由】法院认为,从贪污罪的主观要件分析,本案在案证据显示,上诉人刘某某的妻子蔡某与永泰县连心坝水电站签有《连心坝水库除险加固及渠道水毁修复工作承包合同书》。依照承包合同的规定,工程款虽属水利局所有,但上诉人刘某某作为承包方,有

权领取相应的工程款进行施工。上诉人刘某某将工程款从连心坝水电站领出后，因为天气等客观因素影响致其尚未实施除险加固和水毁修复工程。本案现有证据不能排除水库确实存在需要除险加固，即报表上没有险情，但实际存在有险情的情况。因此，根据本案现有证据不能证明上诉人刘某某主观上有将工程款项占为己有的目的。从贪污罪的客观要件上分析，没有证据证明上诉人刘某某实施了贪污行为。上诉人刘某某作为承包方将工程款从水电站领出，是着手实施承包合同的开始。由于天气等原因的影响，承包工程无法动工，上诉人刘某某不可能对工程款进行结算、报账。原判关于上诉人签订承包合同将款项从水电站领出，即已完成贪污行为的认定错误。综上，法院认为，上诉人刘某某的行为不符合贪污罪的犯罪构成要件。上诉人刘某某不构成贪污罪。辩护人关于上诉人刘某某不构成贪污罪的相关辩护意见，法院予以采纳。

案例十四、郑某某贪污罪再审刑事判决书

审判机关：厦门市中级人民法院　案号：[2014] 厦刑再初字第 1 号

【无罪理由】法院认为，本案原审认定郑某某将虚开发票报销的 16 060 元全部占为己有的依据不足，应予纠正。原审证据及再审新的证据可以证明，郑某某关于其中 12 000 元用于购买运动服作为足球比赛纪念品送给相关人员的辩解具有一定的合理性和证据，本着"疑罪从无"的原则，不宜认定郑某某将该 12 000 元占为己有，指控该部分贪污的证据不足；而另外 4000 元系郑某某个人用于请人作画送领导，其关于公务行为的辩解缺乏事实依据，不予采纳，此外尚有 60 元郑某某没有去向说明，故应认定郑某某将虚报的 4060 元非法占为己有，该行为的性质是贪污。鉴于国家工作人员侵吞公款不足人民币 5000 元，不够刑事追诉起点，故依法不予认定郑某某的行为构成贪污罪。

案例十五、甘肃吕某、王某某挪用公款案一审刑事判决书

审理法院：兰州铁路运输法院　案号：[2014] 兰铁刑再初字第 1 号

【无罪理由】1. 被告人吕某某身为国有企业单位的负责人，应

当明知采购总站的重大事项应集体决定，却故意违反规定，未经本单位领导集体研究，先后两次将采购总站公款8万元借与王某某使用，人为地改变了公款的实际用途，属于擅自挪用公款的行为。王某某虽然两次都与采购总站办理了借款手续，但吕某某未按决策程序所做出的决定属个人擅自做主行为，且其批准出借的公款已达到《刑法》规定的数额较大情形，应认定其行为是以借用的名义实施的挪用公款犯罪行为。

挪用公款罪侵犯的客体是公款的使用权，既有侵犯财产的性质，又有严重的渎职的性质。按照我国刑法的规定，挪用公款罪侵犯的客体是国家工作人员（包括国有企业中从事公务的人员，下同）的职务廉洁性和公共财产的使用收益权。在客观方面表现为行为人利用职务上的便利，挪用公款归个人使用，进行非法活动，或者挪用公款数额较大进行营利活动，或者挪用公款数额较大超过3个月未还的行为。犯罪主体是国家工作人员。在主观方面是直接故意，即明知是公款而有意违反有关规定予以挪用，以非法方式取得公款的使用权。符合以上四个犯罪构成要件，即构成挪用公款罪。吕某某身为国有企业从事公务的人员，利用职务上的便利，挪用公款归个人使用，数额较大，其行为已构成挪用公款罪。吕某某不是挪用公款的辩解属于对事实的认识错误，故其辩护意见不能成立。

2. 对被告人吕某某的第三起挪用公款的指控不能成立。采购总站是具有独立核算的法人单位，其工作上受商贸总公司的直接领导，总站主要负责人系由商贸总公司任命，二者具有隶属、制约的上下级关系。郝某某作为上级单位商贸总公司的主要负责人，在王某某的请求下，指示吕某某通过采购总站将商贸总公司的公款3万元借于王某某个人使用，进行经营活动，是明知其下级单位慑于其职权不敢违抗的挪用公款行为。虽然说借出的3万元钱在形式上是商贸总公司转给采购总站的借款，但实际上是王某某从商贸总公司郝某某那里借得的公款，与吕某某及采购总站无关。吕某某的行为仅是执行上级领导指示，而指令采购总站财务部门为王某某办理了出借公款手续。吕某某自始至终并未就挪用此笔公款为郝某某出谋划策，也不具有帮助郝完成挪用公款的故意和行为，故不应承担3万元挪用公款的刑事责任。

3. 被告人王某某构成挪用公款共犯的事实不清。刑法上的所谓共同犯罪，是指在犯罪中，各行为人的行为都指向同一犯罪，并相互配合、相互联系，形成一个有机的犯罪活动整体，每个人的行为都是犯罪行为有机体的一部分，在发生危害结果的情况下，每个人的行为都与危害结果之间具有因果关系。具体到挪用公款罪，在挪用公款给他人使用的情况下，如果挪用人与使用人分别为两人，则挪用人之挪用的实行行为与使用人的唆使行为或帮助行为都是犯罪行为有机体的组成部分，与侵害公款之危害结果之间都有因果关系。如果使用人没有实施唆使、帮助挪用人挪动公款，或者没有与挪用人一起实施挪动公款的行为，则不能仅仅因为其使用了公款就认定他与挪用人构成共同犯罪。最高人民法院相关司法解释，对挪用公款共同犯罪的认定，也只是限定为"使用人与挪用人共谋，指使或参于策划取得挪用款的以挪用公款的共犯定罪处罚"，即：使用人在进行挪用之前与挪用人共同预谋，双方都在事先明知该款挪出后归使用人使用的情形下，才可以构成挪用公款罪的共犯。因此，认定挪用公款罪共犯的必要条件：一是"共谋"，是指共同犯罪的故意，包括明示或者暗示的共同意思联络、犯意沟通；二是"指使或者参与策划取得挪用款"，也就是客观上存在主观意志支配下的共同挪用公款行为。如果没有共同的犯罪故意和行为，则谈不上挪用公款共同犯罪的成立。

本案被告人王某某停薪留职后，从事个体水果生意，与采购总站的经营不存在任何关系。王某某因缺少资金，向原单位采购总站伸手借钱也属正常举动，因为采购总站曾对本单位减员分流人员给予过资金支持。王某某分别向吕某某和郝某某提出借钱，其指向也是清楚的，就是借公款，其所借到的 11 万元公款也分别属于采购总站和商贸总公司。王某某在对是否与吕某某和郝某某进行过共谋，或者指使、参与策划取得挪用款项的问题上，一直予以否认，吕某某和郝某某也都没有予以证实。就连唯一一次王某某与吕某某合意签订的借款协议，也是吕某某自己先提出来的。就本案事实看，在整个借钱过程中，借不借公款给王某某，通过什么方式出借公款给王某某，是以单位名义，或以个人名义出借公款给王某某，并不取决于王某某本人，而是取决于采购总站、商贸总公司的负责人吕某某和郝某某的选择，对此，王某某明显没有发挥能够影响或左右吕某某和郝某某的作用。王某某虽然知道吕某某、郝某某出借的是采购总站和商贸总公司的公款并使用，但这并不等于就具备了王某某与吕某某、郝某某曾进行过共谋，或曾指使或者参与策划的事实。本案公诉机关出具的证据证实的事实，也仅限于王某某借款的意思表示（此意思表示不能简单视为犯罪意思的表示，也不必然导致挪用公款结果的发生。）和办理借款手续的事实，并不能证明王某某参与共谋、策划或指使吕某某挪用款项的事实。故王某某参与挪用公款的事实不清，达不到事实清楚，证据确实充分，排除合理怀疑的认定标准，公诉机关指控王某某挪用公款犯罪不能成立。

案发前，被告人吕某某主动交代了检察机关尚未掌握的挪用公款的事实，应当认定为自首，可以从轻或减轻处罚。

考虑到吕某某与王某某本系一个单位员工，吕某某将公款出借时亦与王某某不存在私下人情往来、谋取私利或者权钱交易，以及公款已追回等情节，可对吕某某酌情从轻处罚。为维护公共财产的所有权和国有企业的财务管理制度，判决被告人吕某某犯挪用公款罪，免予刑事处罚；被告人王某某无罪。

案例十六、马某某贪污罪，马某某、蒲某等挪用公款罪

审理法院：甘肃省张家川回族自治县人民法院　案号：[2014]张刑初字第10号

【无罪理由】法院认为，危房改造款是国家无偿拨付给灾区的救灾款项；灾后重建贷款是国家的一项惠民政策，贷款农户享受省财政三年贴息，各级政府是贷款发放、清偿工作的责任人，对重建贷款负有代偿责任，不仅要分年度上交还贷准备金，还要具体负责农户贷款的审批发放和本息清收。上述款项均应专款专用，不得挪作他用，其性质属公款。但被告人马某某无视国法，身为农村基层组织人员，利用担任恭门镇古土村村干部的便利条件，将恭门镇古土村村民的危房改造款 22 000 元、灾后重建贷款 200 000 元，共计

222 000元挪作他用，其中163 000元借给他人使用，50 000元借给他人进行营利性活动，9000元的危房改造款一直由其管理达三个月以上；被告人蒲某身为恭门镇古土村驻村干部，伙同被告人马某某利用古土村灾后重建及灾后重建贷款发放工作的便利条件，挪用灾后重建贷款80 000元归自己使用，二被告人的行为确已构成挪用公款罪，公诉机关指控二被告人挪用公款罪的罪名成立，应以《刑法》第384条之规定定罪处罚的公诉意见符合本案实际，应予支持。公诉机关指控被告人马某某犯贪污罪，因公诉机关只提供了被告人马某某在侦查阶段的供述，无其他证据印证，且被告人马某某在给侦查机关提供的村委会账务中就此9000元作为村委会收入，其主观上并没有非法占有该款项的故意，故公诉机关指控被告人犯贪污罪的事实不清，证据不足，被告人马某某不构成贪污罪，被告人马某某当庭辩解，其将翟某甲名下9000元危房改造款取出后准备缴纳本村合作医疗款，因故未缴纳，自己的行为不构成贪污罪，故被告人马某某的辩解理由及其辩护人关于该9000元不构成贪污罪的辩护意见符合本案实际，予以采纳，但被告人马某某将此9000元从2011年11月12日后便一直由其保管，时间长达20个月之久，应认定为其挪用公款的数额。公诉机关指控被告人苏某某犯挪用公款罪，被告人苏某某当庭辩解，自己借的是被告人马某某私人的钱，马某某的当庭辩解证实了苏某某的辩解理由，且有书证借条"今借马某某现金20 000元"予以印证，故公诉机关指控被告人苏某某犯挪用公款罪的事实不清，证据不足，指控的罪名不能成立，不予支持。故该40 000元不应计入被告人马某某、蒲某挪用公款的数额。被告人马某某、蒲某的辩护人就马某某、蒲某挪用公款80 000元的共同犯罪中都系从犯的辩护意见，经查，被告人马某某将45本灾后重建贷款专用存折从恭门镇信用社领出后便交由驻村干部蒲某保管，蒲某在征得马某某同意后与马某某一起到恭门镇信用社用四本贷款专用折取出了80 000元，故就此共同犯罪中二被告人无主从犯之分，二辩护人的该辩护意见不成立，不予采纳。被告人苏某某的辩护人的辩护意见符合本案事实予以采纳。被告人马某某、蒲某案发后退赔了全部赃款及利息，被告人蒲某当庭自愿认罪，可对二被告人酌情从轻处罚。故对二被告人辩护人提出符合以上情形的被告人有从轻处罚情节的辩护意见予以采纳。判决被告人马某某犯挪用公款罪，判处有期徒刑5年；被告人蒲某犯挪用公款罪，判处有期徒刑3年，缓刑3年；被告人苏某某无罪。

案例十七、水某某、王某某玩忽职守罪二审刑事判决书

审理法院：甘肃省定西市中级人民法院　案号：[2015]定中刑二终字第2号

【无罪理由】法院认为，上诉人水某某于2000年12月15日将涉案物证刀子、手绢等从他人处接收后放置在物证保管室，从保管方式看，并不存在明显过失。2009年9月侯某某到案后，水某某与物证移交人均将此事遗忘，导致该物证没有及时找到。上诉人水某某在2000年12月15日接收保管该物证，但1996年1月至2000年12月期间，该物证由何人保管、是否妥善保管、在水某某接收时是否具备检验条件无法查实，故无法认定系上诉人水某某的原因致使证据（血迹）灭失。从现有证据来看，由于当时管理制度不够规范，无法排除刑事照片原件、根据现场勘查原始记录制作的现场勘查笔录与物证刀子、手绢等一起均由其他侦查人员保管的可能性，所以，无法确认上诉人水某某丢失了刑事照片原件，上诉人王某某丢失了现场勘查笔录。上诉人王某某后来在整理现场勘查笔录时，因现场勘查原始记录中没有见证人的签字，就侦查卷中找出到过现场的二人作为见证人，二人也确实到过现场。该次现场勘查的主体和程序均合法，现场勘查笔录的内容客观真实，具有法律效力，不能因形式上个别瑕疵而否定该证据的证明力。所以，二上诉人的上诉理由成立，应予支持。原判认定上诉人水某某对刑事照片原件、2000年12月15日接收保管的物证、王某某对根据现场勘查原始记录制作的现场勘查笔录保管不善致使丢失的事实因缺乏充分的证据支持，不能认定。二上诉人对物证刀子、手绢等没有送检的事实同样因缺乏证据证实，不能认定。综上，原审认定二上诉人构成玩忽职守罪的事实不清，证据不足，原公诉机关指控的犯罪不能成立。判决上诉人水某某无罪；上诉人王某某无罪。

案例十八、邓某受贿罪，放纵制售伪劣商品犯罪行为罪二审刑事裁定书

审理法院：广东省广州市中级人民法院　案号：［2015］穗中法刑二终字第 147 号

【无罪理由】关于上诉人邓某斌的上诉理由及其辩护人的辩护意见，法院综合评判如下：第一，虽然证人陈某波陈述其通过江某文贿送给邓某斌 5 万元，证人江某文陈述其转交了 5 万元给邓某斌，但邓某斌在归案后从未供认收受过陈某波或者江某文的前述款项；第二，江某文的证言中关于其送钱给邓某斌的时间的说法前后有多次反复，且部分陈述与邓某斌使用的车辆行驶记录所载明的时间不能相互印证；第三，证人曾某、梁某明、林某铭、甄某强等人关于参加饭局的证言，均属于传来（传闻）证据，且存在一定程度的指代不明的情况，尚不足以印证陈某波、江某文的证言，亦不足以对此二人的证言真实性程度形成补强。综上所述，本案现有证据尚不足以证实陈某波将 5 万元通过江某文贿送给邓某斌的事实。

法院认为，根据本案现有证据，无法证实上诉人邓某斌收受陈某波贿赂款的事实，原审判决认定上诉人邓某斌犯受贿罪的事实不清，证据不足，不能认定上诉人有罪，依法应当予以改判。判决上诉人邓某斌无罪。

案例十九、程某某无罪二审刑事判决书

审理法院：贵州省黔南布依族苗族自治州中级人民法院　案号：［2014］黔南刑二终字第 94 号

【无罪理由】对于上诉人程某某及辩护人、出庭检察员提出"认定向潘炯江行贿 8 万元证据不足"的上诉理由、辩护意见及出庭意见，经查，上诉人程某某供述向潘炯江行贿 8 万元，但在案证据仅有程某某供述，没有其他证据相印证，不予认定，上诉理由、辩护意见及出庭意见成立，法院予以采纳。

对于上诉人程某某及辩护人提出"向吴某某行贿 5 万元吴某某有索贿行为"，经查，被告人程某某供述及吴某某证言证实，吴某某将审计报告交给程某某后，程没有兑现承诺，吴某某即明确索要，直至陪同程取款，并收下取出的5万元，系索贿，上诉及辩护理由成立，法院予以采纳。

法院认为，原判认定上诉人程某某为获得审计报告向潘某某行贿8万元，仅有程某某供述，没有其他证据印证；为获取审计报告，上诉人程某某送给审计人员吴某某5万元，系被索贿，但在案证据不能证明程某某是谋取了不正当利益，其行为不符合行贿罪的构成要件，原判认定上诉人程某某犯行贿罪的事实不清、证据不足。判决上诉人（原审被告人）程某某无罪。

案例二十、董某贪污二审刑事判决书

审理法院：河北省秦皇岛市中级人民法院　案号：[2014]秦刑终字第143号

【无罪理由】法院认为，上诉人董某得到的110 800元款项，是其身为普通村民参与购买样板房之后，退房得到的合理补偿，是合法所得，其当时并未担任该村村民委员会主任一职，不属于《刑法》第93条第2款规定的"其他依照法律从事公务的人员"，不是贪污罪的主体。虽然其父亲董某某在上诉人董某担任该村村民委员会主任期间，购买剩余两套样板房中的一套，但与其他购房村民按同样的标准支付了购房款，故公诉机关认定董某利用职务便利，在未退还拆迁安置费的情况下，以其父董某某的名义购买一套样板房，构成贪污罪的指控不成立。上诉人董某及其辩护人提出的上诉理由及辩护意见与查明事实相符，予以采纳。判决上诉人董某无罪。

案例二十一、雷某某职务侵占罪审判监督刑事判决书

审理法院：河北省石家庄市长安区人民法院　案号：[2014]长刑再字第3号

【无罪理由】法院认为，根据《刑法》第271条规定，职务侵占是指"公司、企业或者其他单位的人员，利用职务上的便利，将本单位财物非法占为己有，数额较大的行为"，本罪主体为特殊主体，包括公司、企业或者其他单位的人员，侵犯的客体是公司、企

业或者其他单位的财产所有权，侵犯的对象是行为人所在的公司、企业或者其他单位所有的财物。检察机关指控雷某某犯职务侵占罪，以下事实不清：（1）绒革厂与汇源公司关系不清。绒革厂系独立核算、自负盈亏企业，实行厂长负责制，且双方曾签订承包协议，约定雷某某定额上缴利润，雷某某作为厂长有较大的自主决策权；1990 年 12 月 25 日双方签订的协议使汇源公司和绒革厂的关系是否为上下级单位，更加不明晰。（2）职务侵占客体不清。本案中无证据显示汇源公司对涉案羊绒业务有资金直接投入，绒革厂以自己名义签定的合同，但同时有证据显示货源来自清河县第三方羊绒业主，由绒革厂代销或组织货源商检、代为诉讼，执行回的款、物处理应为绒革厂与第三方民事纠纷，并已经省、市法院生效判决确认处理，分配给清河县第三方羊绒业主。据此，虽然绒革厂以自己的名义签订的合同并诉讼，但销售的货物来源不清，直接导致职务侵占客体不清。（3）指控侵占数额不清。原审审计采用证据不全，缺少 1997 年、1998 年财务收支情况，定案的证据不充分，认定侵占数额不准确。综上，认定雷某某犯职务侵占罪的事实不清，证据不足，指控雷某某犯职务侵占罪不能成立。经法院审判委员会讨论决定，判决原审被告人雷某某无罪。

案例二十二、赵某某贪污一审判决书

审理法院：河北省肃宁县人民法院　案号：[2014] 肃刑初字第 160 号

【无罪理由】法院认为，被告人赵某某作为村干部，在协助林业局等国家行政机关从事林补、粮补的申报发放过程中，利用职务便利，多领、冒领国家补贴，共计 2547.2 元，其行为侵犯了国家的廉政制度及国家财物所有权，但未达到贪污罪的追诉标准，不构成贪污罪，应由其所在单位或上级主管机关给予行政处分。肃宁县人民检察院指控被告人赵某某犯贪污罪，部分事实不清楚，证据不足，罪名不成立。被告人赵某某作为村党支部书记，在协助政府从事林补、粮补的申报、发放工作过程中，负责组织相关工作，且负最终的监督审核义务，属于"其他依照法律从事公务的人员"。被告人赵

某某对其任职期间最后报林业局林地亩数的登记台账的真实性负监督审核义务，其林地减少后未变更台账的行为是利用其职权谋取个人非法利益的行为，对辩护人辩称被告人在此期间没有任何职权，且在合同中是民事上的平等主体的辩护意见不予采纳。对被告人赵某某的贪污款2547.2元应予以没收。判决被告人赵某某无罪。

案例二十三、陈某某涉嫌贪污一案

审理法院：河南省开封市中级人民法院　案号：[2009] 汴刑再字第2号

【无罪理由】经再审查明：1980年10月初陈某某经本店针织组营业员姚某某的手拿秋衣100件，计款275.8元，让其三叔代销，陈某某收款后未上交。随后该店让姚某某和刘某某到上海组织货源，姚某某提出借款，陈某某便将放有代销款向姚某某说明，并借给姚某某100元，又借刘某某120元，姚、刘返汴后，刘某某将借款清账，而姚某某从1980年12月至1981年4月中旬分四次还清。1980年12月陈某某收本店退休职工邵某代销布款1500元直接交到总店，填了两张交款单，交布款1224.2元，从中扣275.8元八角作为一百件秋衣款上交，并将交款单给了姚某某以冲销了100件秋衣的代销款。1981年4月24日在学习班期间陈某某将275.8元全部交出。

法院再审认为：陈某某未及时上交秋衣代销款的行为属一般违反财务制度行为，原审认定陈某某贪污秋衣代销款不妥。根据1979年《刑法》第10条、《刑事诉讼法》第206条、第162条第3款之规定，判决如下：(1) 撤销顺河回族区人民法院 (82) 顺法刑字第13号刑事判决和法院 (82) 汴法经刑字第03号刑事判决。(2) 对陈某某宣告无罪。

案例二十三、原审被告人陈某某犯滥用职权罪一审刑事判决书

审理法院：河南省淮滨县人民法院　案号：[2013] 淮刑再字第01号

【无罪理由】法院认为，被告人陈某某在办理某建筑安装有限公

司职工住宅楼的过程中，没有违反自己的法定职责，办理程序合法，手续完备，虽然恒威公司未按出让的 3700 平方米的面积建房，但剩余的 2379.78 平方米的国有划拨土地，是淮滨县人民政府特许该公司来用作住宅，因此，公诉机关指控其不认真履行职责，致使 621 123 元土地出让金流失缺乏证据支持，其指控的罪名不能成立。

法院还认为，根据淮滨县人民政府 2008 年 11 月 13 日下发的〔2008〕淮政办第 64 号文件《关于进一步落实人防工程建设相关部门责任的通知》第 1 条的规定，对 2005 年 1 月 1 日以后在本县城规划区内建设的民用建筑没有按 6B 级标准以上修建防空地下室的，在房权证办理环节中按每平方米 7 元征收人防易地建设费。对新报建的民用建筑，在建筑规划许可证办理环节中，按每平方米 10 元征收人防易地建设费。该条说明 2008 年 12 月 16 日以前的人防易地建设费是由房产管理部门来把关，而以后的人防易地建设费才是由规划、建设管理部门来把关。根据淮滨县人民防空办公室出具的情况说明，证明东湖庭院、金山花园、芝兰公寓、种子公司、成人中专五个项目于 2008 年 12 月 16 日之前建设，这五个建设项目以前的人防易地建设费是否流失与本案被告人陈某某无关。对于老年公寓、园丁公寓人防易地建设费流失 268 381.5 元，被告人应承担没有尽到自己职责的责任。但尚未达到《最高人民法院、最高人民检察院关于办理渎职刑事案件适用法律若干问题的解释（一）》第 1 条第（二）项规定的滥用职权罪数额上的标准。判决被告人陈某某无罪。

案例二十四、李某某滥用职权一案一审刑事判决书

审理法院：黑龙江省青冈县人民法院　案号：〔2014〕青法刑初字第 146 号

【无罪理由】法院认为，被告人李某某在与王某某签订以房抵债协议后，在未办理产权转移前向青冈县人民政府呈请，并经政府法制局及主管县领导的批示，让青冈县畜产公司的法人与王某某重新签订了以房抵债协议，并在办理产权转移前经过青冈县国资管理委员会办公室审批和评估。李某某在处理王某某与畜产公司债务纠纷过程中没有滥用职权的行为，其行为符合相关规定，公诉机关指控

被告人李某某构成滥用职权罪证据不足，指控的犯罪不能成立。判决被告人李某某无罪。

案例二十五、杜某犯滥用职权、挪用公款罪刑事判决书

审理法院：湖南省古丈县人民法院　案号：[2011] 古刑初字第62号

法院认为，公诉机关指控被告人杜某在担任湘西土家族苗族自治州粮食局局长期间擅自决定湘西自治州粮食系统违法集资累计金额4141万元，致使公共财产遭受经济损失1149.93万元，认为被告人杜某的行为已构成滥用职权罪；被告人杜某及其辩护人田某、杨某某均辩称，湘西自治州粮食系统内部集资行为经司法鉴定未给公共财产造成直接经济损失，杜某的行为不构成滥用职权罪。经审查核实案件材料，被告人杜某及其辩护人提出的上述辩护理由成立，法院予以采纳，公诉机关的指控不成立。理由是：其一，被告人杜某担任湘西自治州粮食局局长期间，以其为主决定向湘西自治州粮食系统员工集资用于筹建湘西粮食物流城项目资金，并给社会造成了一定的负面影响，其行为明显属滥用职权的行为，但其行为是否构成滥用职权罪，关键要看洪源和兴公司以公司名义面向特定群体的集资行为是否给公司财产造成重大损失；其二，从公诉机关认定洪源和兴公司以公司名义的集资行为造成的损失程度来看，公诉机关是依据湘西自治州审计局作出的《关于湘西州洪源和兴公司粮食物流城项目投资损失的审计认定》作为定损依据，因该审计认定是以超国家基准利率支付的利息来认定损失程度，且该审计认定是应湘西自治州纪委的要求形成的审计结论，不属于司法鉴定结论，同时被告人杜某对该审计结论不服，并在本案审理期间申请法院进行司法鉴定，故不应采信该审计认定作为本案的定案依据；其三，人民币存贷款基准利率是中国人民银行发布的商业银行存贷款的指导性利率，根据《最高人民法院关于人民法院审理借贷案件的若干意见》及《中国人民银行关于取缔地下钱庄及打击高利贷行为的通知》（银发〔2002〕30号）的相关规定，民间借贷利率可以适当高于银行利率，但最高不得超过银行同类贷款利率的四倍（包含利率本数），对超过上述标准的利息不予保护。因此，湘西自治州审计局《关于湘西州洪源和兴公司物流城项目投资损失的审计认定》以超基准利率为标准计算违规支付的利息，并以超基准利率支付的利息就断定是洪源和兴公司的集资行为给公共财产造成的损失，显然缺乏法律依据；其四，从法院委托湖南恒基有限责任会计师事务所对洪源和兴公司的集资行为是否给公共财产造成经济损失作出的《司法会计鉴定报告书》来看，湖南恒基有限责任会计师事务所是在依据湘西自治州审计局的审计资料及湘西自治州粮食物流城土地处置情况资料等基础上进行综合分析，并作出洪源和兴公司的集资行为未给公司造成直接经济损失的鉴定结论，故该鉴定结论依据的材料更为充分，鉴定方法更为科学、准确，法院采信该鉴定结论为本案的定案依据；其五，被告人杜某担任湘西州粮食局局长期间及在筹建湘西州粮食物流城项目过程中，在资金短缺的情况下未经相关部门批准，擅自作主决定洪源和兴公司以公司名义进行集资，其行为虽然违法违纪，但湘西州洪源和兴公司的集资行为经司法鉴定未给公司造成直接经济损失，故不宜将杜某的违法违纪行为认定为犯罪行为。

公诉机关指控被告人杜某擅自决定将洪源和兴公司的20万元人民币汇给他人用于项目的申报开支，该20万元在案发前尚未追回，杜某的行为给洪源和兴公司造成经济损失20万元。经查，被告人杜某虽为主决定由洪源和兴公司于2007年上半年给李某甲汇20万元，委托李某甲用于项目申报开支，李某甲的证言证明其已将洪源和兴公司汇入的20万元主要用于给洪源和兴公司申报项目开支，且该20万元在起诉前已被湘西州纪委从李某甲手中追回，实际上亦未给洪源和兴公司财产造成重大损失。同时《最高人民法院、最高人民检察院关于办理渎职刑事案件适用法律若干问题的解释（一）》第1条第2项规定：造成公共财产损失30万元以上的应认定为"致使公共财产、国家和人民利益遭受重大损失"，被告人杜某擅自为主决定汇给他人用于申报项目开支的金额尚未达到上述司法解释确定的"重大损失"标准，故不构成滥用职权罪。

公诉机关又指控被告人杜某在担任湘西自治州粮食局局长期间，

利用职务上的便利挪用公款 70 万元归个人使用，进行营利活动，其行为已构成挪用公款罪。被告人杜某及其辩护人田某、杨某某辩称，杜某从黄贡公司借给张某某使用的 70 万元是黄贡公司的资金而不是洪源和兴公司的设备预付款，故杜某的行为不构成挪用公款罪。经审查核实案卷材料，被告人杜某及其辩护人提出的上述辩护理由成立，法院予以采纳，公诉机关的指控不成立。理由是：其一，洪源和兴公司与黄贡公司之间存在合法有效的购买无公害保胚米生产设备合同，洪源和兴公司汇给黄贡公司的设备预付款 70 万元自黄贡公司收到款项时起，该 70 万元的所有权即转移到了黄贡公司，杜某不是洪源和兴公司的法定代表人，亦未得到公司授权，其无权从黄贡公司取回设备预付款，其向黄贡公司公司支借的 70 万元理应是黄贡公司的资金，而非洪源和兴公司的设备预付款；其二，从还款方式上看，被告人向黄贡公司借款后，其理应恪守诚信原则，将借款归还给黄贡公司，但被告人杜某在得知黄贡公司无法正常提供无公害保胚米生产设备后，为了防止设备预付款收不回，决定将其从黄贡公司支借的 70 万元直接汇入洪源和兴公司用于抵扣设备预付款，并无不当；其三，被告人杜某在本案侦查期间虽多次供述以打借条的方式在李某处借的款是洪源和兴公司的设备预付款，并且黄贡公司的记账凭证亦反映杜某以打借条的方式取回的款项是洪源和兴公司的设备预付款，但被告人杜某在庭审中已否认这一事实，加之杜某从黄贡公司借款时只有黄贡公司李某在场，因此仅凭李某的证言及黄贡公司的记账凭证亦不足以证明被告人杜某从黄贡公司的借款就是洪源和兴公司的设备预付款；其四，从公诉机关提交的证据来看，虽有一定的证据证明被告人杜某从黄贡公司支借的 70 万元是洪源和兴公司的设备预付款，但这些证据没有达到证据确实充分程度，尚未形成完整的证据链，不能排除合理怀疑，不能形成准确且唯一的结论。综上，被告人杜某从黄贡公司借给张某某使用的 70 万元不应认定为洪源和兴公司的设备预付款，故不宜对杜某以挪用公款罪定罪处罚。判决被告人杜某无罪。

案例二十六、李某甲、邓某、陈某某、肖某某、吴某某、聂某某犯贪污罪再审刑事判决书

审理法院：湖南省娄底市（地区）中级人民法院　案号：[2013]娄中刑再终字第 1 号

【无罪理由】法院再审认为，涟钢大同工贸总公司 1992 年由涟钢家委会申请注册成立，工商登记为集体所有制企业。虽然涟钢家委会设立公司时登记的公司注册资金系虚假出资，公司实际经营所需资金系公司从业人员李某甲等人以"借款""集资款"名义从职工及社会关系人中筹集，但公司经营盈利后对以"借款""集资款"名义筹集的资金均已还本付息。实际上，主办单位和主要经营者对公司均未投入。根据《国家工商行政管理局关于核定企业经济性质有关问题的答复》（工商企字 [1996] 第 262 号）的规定："经审查原登记为全民或集体所有制的企业，主办单位实际未出资，企业的法定代表人和主要经营者也未投入，而主要靠贷款、借款和政策扶持等开展经营的，原核定的企业经济性质不变。这类企业歇业或被吊销执照，其资产和债权债务应按有关全民所有制企业或集体所有制企业的法律、法规和政策处理。"因此，涟钢大同工贸总公司应认定为集体所有制企业，申诉人李某甲、陈某某提出涟钢大同工贸总公司所有制是私营经济性质的意见，理由不成立，法院不予采纳。本案申诉人的涉案行为发生于 1993 年、1994 年，当时，国家鼓励兴办企业，但尚处于"摸着石头过河"的探索期，对企业性质界定及企业经营规制的法律法规并不十分完善，且涟钢大同工贸总公司的公司章程中规定"从业人员的工资标准和奖励方式，根据企业效益的好坏和本人贡献的大小区别对待、上不封顶、下不保底，体现多劳多得的社会主义分配原则"。因此，在涟钢大同工贸总公司经营盈利情况下，公司从业人员适当获取奖励是可以的。根据公司章程规定，申诉人李某甲、陈某某、原审被告人肖某某与吴某、聂某等人通过公司管理层研究，给每人发放 2 万多元奖金，虽然在处理财物上采取做假账套取资金不当，但主观恶意不大，情节显著轻微，可不认为是犯罪，可以宣告申诉人李某甲、陈某某、原审被告人肖某某无罪。

据此，经法院审判委员会讨论决定，判决如下：维持原审被告人邓某的宣告无罪部分；宣告原审被告人李某甲、陈某某、肖某某无罪。

案例二十七、彭某某犯玩忽职守罪再审刑事判决书

审理法院：湖南省益阳市资阳区人民法院　案号：［2014］资刑再字第 1 号

【无罪理由】法院认为，原审被告人彭某某在担任城市规划建设综合执法支队支队长和益阳市规划局副局长（分管执法支队）期间，检察机关指控的九栋建筑在未补办《建设工程规划许可证》的情况下违章建成的事实客观存在，但上述九栋违章建筑均为不严重影响城市规划（其中检察机关指控的第一笔为不影响城市规划），依当时的法律法规只能责令限期改正并处罚款或责令停止建设、补办手续，原审被告人彭某某在任职期间，对任期内发生的违章建筑，执法支队都制发了责令停止建设通知书，并责令补办报建手续，或作出了罚款处理，原审被告人彭某某已履行了工作职责。

本案的损失报建费是一项失去的在正常情况下可以获得的利益，且该损失与原审被告人彭某某的履职行为没有直接的关系，该损失是间接损失，数额是 1 453 746 元。根据《最高人民检察院关于渎职侵权犯罪案件立案标准的规定》（高检发释字〔2006〕2 号）规定间接损失要达到 150 万元才够立案标准，此案间接损失没有 150 万元，没有达到立案标准，原审被告人彭某某的行为不构成玩忽职守罪。原审被告人彭某某及其辩护人辩称其不构成玩忽职守罪的辩护意见，法院予以采纳。益阳市资阳区人民检察院认为原审被告人彭某某的行为构成玩忽职守罪，应维持原审判决的观点，法院不予采纳。判决原审被告人彭某某无罪。

案例二十七、姜某、王某某贪污罪，姜某、王某某挪用公款罪再审刑事判决书

审理法院：江苏省高级人民法院　案号：［2011］苏刑再终字第 0001 号

【无罪理由】法院综合审理查明的事实及证据，针对原审上诉人

姜某的申诉理由、证人证言和出庭检察员意某评判如下：

一、关于苏宁公司的性质问题。

法院认为，苏宁公司系江苏省阜宁县政府驻苏州办事处依照法定程序设立的集体所有制企业，该公司注册资金 50 万元中有 20 万元系阜宁县政府驻苏州办事处以固定资产作价投入，其余注册资金系向盐城化工公司借款作为验资资金。苏宁公司属于集体企业的事实清楚，证据充分，法院予以认定。姜某提出的该公司为集体企业的辩解成立，法院予以采纳。出庭检察员提出的阜宁县政府驻苏州办事处未在该公司投入资金的意某经查与事实不符，法院不予采纳。出庭检察员还提出阜宁方面未派员参与该公司的管理，而是由姜某说了算、未上交管理费，属于名为集体实为个人的企业。经查，苏宁公司章程第五项明确公司工作人员由经理聘用，姜某为该公司经理。公司章程没有规定阜宁方面有派员管理的事项，也没有规定该公司需要上交管理费，也没有证据证明阜宁方面与姜某之间另有协议规定上述事项，故出庭检察员的上述意见不能得出该公司属于姜某个人的公司。出庭检察员的上述意见与原二审裁定中对该问题的处理意见属于认定事实错误，法院一并予以纠正。

二、关于姜某代收的二笔货款 35 849.70 元、37 120 元的问题。

法院认为，姜某为化工公司代收二笔货款并交苏宁公司账户的事实清楚，证据充分，姜某对此从未否认。苏宁公司系集体所有制企业，姜某将代收的款项交入苏宁公司账户，直至案发后仍挂在账上，不存在被姜某侵占。原裁定认定姜某代收的二笔货款交入姜某个人的苏宁公司并被非法占有属于认定事实错误，法院予以纠正。本案中，苏宁公司、机电公司、化工公司之间有业务往来，由于未经司法会计鉴定，三家公司的债权债务不清，难以判断苏宁公司、机电公司、化工公司之间的债权债务的冲抵行为是否合法，该事实不清。出庭检察员及原裁定认定姜某通过冲抵债权债务占有该二笔货款的证据不足。

三、关于姜某从机电公司投给陶某的结息款中支出 33 000 万元的问题。

法院认为，姜某将 33 000 元给沈某的事实，有证人仓某、沈某的证言证实，并有书证机电公司收据佐证，根据该收据载明的内容，该款由化工公司代转，而化工公司的账册上记载 33 000 元收入及支付给机电公司，证人沈某出庭证实姜某个人不欠其 33 000 万元，故本案不排除该款就是由化工公司代转给机电公司。证人沈某虽然在原审阶段证实姜某用此款归还了其个人欠化工公司的欠款，但该证言与收据、化工公司账册记载的内容并不吻合，本案中苏宁公司与化工公司未进行司法会计鉴定，没有证据证实苏宁公司欠化工公司 33 000 元，故原裁定及出庭检察员认为 33 000 元系姜某用此款归还苏宁公司欠化工公司欠款的事实不清，证据不足。

综上所述，法院认为，原裁判认定原审上诉人姜某的行为构成侵占罪的事实不清，证据不足，应当予以纠正。判决王某某无罪，姜某无罪。

案例二十八、栾某行贿罪，栾某伪证罪再审刑事判决书

审理法院：江苏省镇江市中级人民法院　案号：[2013] 镇刑再终字第 0002 号

【无罪理由】法院认为，原一审法院认定原审被告人栾某向陆某行贿 21 万元的主要证据中，除栾某本人供述其向陆某在行贿的金额、行贿资金的来源、钱款摆放的地点等方面存在矛盾外，栾某和陆某两人在供述行、受贿时间、栾某带钱的方式及行贿的地点等方面也均存在相互矛盾之处。栾某虽就行贿陆某 21 万元的事实在检察机关多次供认，但后又多次翻供，造成检察机关指控栾某行贿证据上缺乏稳定性，认定事实所依据的证据相互矛盾，证据之间未形成锁链。因此，根据现有证据尚不足以认定栾某行贿陆某 21 万元的事实。依照"疑罪从无"的原则，对原审被告人栾某行贿事实不予认定。鉴于栾某行贿事实不成立，则原审判决认定的所谓栾某为罪犯陆某开脱罪责，在检察机关侦查、起诉和人民法院开庭审理过程中，故意作虚假证明的事实亦不成立，故栾某也不构成伪证罪。原一审判决认定原审被告人栾某犯行贿罪、伪证罪的事实不清，证据不足，应予纠正。经法院审判委员会讨论决定，判决原审被告人栾某无罪。

案例二十九、颜某职务侵占罪再审刑事判决书

审理法院：江苏省泰兴市人民法院　案号：［2014］泰刑再初字第 0002 号

【无罪理由】法院认为，被告人颜某虽为农机站工作人员及加油站站长，但同时其也是加油站的实际承包人吴某的丈夫，泰兴市河失镇人民政府与颜某商谈转让加油站及签订转让协议过程中，农机站站长颜某多次参与。在 2004 年 5 月 28 日与泰兴市河失镇人民政府签订的协议书中，颜某和吴某作为乙方代表共同签字，可以认为颜某是作为实际承包人吴某丈夫的身份参与谈判并签字的。农机站作为加油站的发包方，也是加油站注册登记的所有权人，站长颜某多次参与转让加油站的商谈事项，其也参与过农机站与吴某承包经营协议的签订。农机站站长颜某签名并加盖单位公章的见证行为，可以视为代表农机站的职务行为。因此，泰兴市人民检察院指控被告人颜某利用职务便利的事实及法律依据不足。

加油站转让金人民币 52 万元中，包含颜某夫妇投入的固定资产、软件资料，以及协议终止吴某对加油站的承包经营权所作出的必要补偿。且农机站也从加油站的转让金中获得人民币 8 万元及两间办公用房。泰兴市人民检察院起诉书中按加油站上年即 2003 年利润额人民币 161 589 元作为对颜某夫妇中断承包经营权的补偿，无相关证据证实。因此，指控被告人颜某侵占单位财产额人民币 275 554.37 元无相关事实和法律依据。

综上，认定被告人颜某利用职务便利的事实及法律依据不足，且被告人颜某侵占单位的财产额不能具体确定。经法院审判委员会讨论决定，判决宣告原审被告人颜某无罪。

案例三十、原审被告人周某某犯职务侵占罪一案的再审刑事判决书

审理法院：江苏省泰州市中级人民法院　案号：［2014］泰中刑再初字第 0001 号

【无罪理由】2010 年 5 月 4 日，江苏省人民检察院以苏检诉一

刑抗字〔2010〕3号刑事抗诉书,向江苏省高级人民法院抗诉认为:

1. 原审裁定认定事实错误。虽然承包协议书约定承包形式为乙方(承包方)牵头人中标后,联合本企业其他管理人员以合股、合作或合伙经营方式组建承包体,实行集体经营、共负盈亏、利益共享、风险共担,但有充分证据证实在合同实际履行过程中,承包人就是周某某一个人,所谓的"承包体"实际并不存在。而且,本案的承包关系应当认定为"死"承包而非"活"承包,也不能简单地归结为"集团内部的经营责任制"。承包性质的确定,不仅要看承包合同的条文,更要看承包合同的实际履行情况。虽然从承包协议的约定及履行看,正太集团对交通工程公司有一定制约和监管职责,体现了部分内部经营责任制的特征,但承包合同中同时约定,周某某每年定额上缴承包金,正太集团包赢不亏,不承担承包经营风险,由周某某自行对外承接工程,自行承担企业的亏损,行使经营管理权,自主决定工资分配;此外,分公司有偿使用集团公司借款,除银行利息外,另多付5%管理费,该借款不能视为正太集团的投资;交通工程公司自行承担公司人员工资、奖金等。并且,正太集团多个负责人以及正太集团下属的与交通工程公司承包性质相同的其他分公司经理的证言,均证实当时正太集团采取的是"死"承包的经营形式。本案的承包关系符合"死"承包的两个核心要件:定额上缴,自负盈亏,所以应该认定为"死"承包。

2. 原审裁定适用法律不当。"死"承包虽然不是规范的法律概念,但是可以据此来判断承包经营形式下相关财产的利益归属。在这一法律关系下,原有的企业财产,所有权属于发包方。承包经营所形成的财产收益,在承包人依照承包合同足额上缴了承包费的前提下,就应当归承包人所有。承包人占有这部分财产,即使手段不合法,也只是侵害了发包方的知情权,没有侵害发包方的财产权益,不应当认定为犯罪。本案现有证据无法证实周某某占有的财产是交通工程公司原有的企业财产,且周某某已经足额上缴了承包金,因此,从事实存疑应采用有利于被告人的原则出发,应当认定其所占有的财产是承包经营过程中形成的收益。承包协议虽然约定"由正太集团经审计后方可进行年终利益分配",但只是程序要件,不是实体要件，不能从根本上改变财产的归属。虽然周某某在承包期未满、交通工程公司未经正太集团审计、承包盈亏不明情况下占有财产的行为不当，但不宜认定为犯罪。综上所述，原审裁定认定事实错误、适用法律不当，应当改判周某某无罪。

江苏省高级人民法院经再审后，认为原裁判认定事实不清，裁定撤销泰州市中级人民法院［2006］泰刑二终字第111号刑事裁定和原姜堰市人民法院［2006］姜刑初字第0192号刑事判决，发回泰州市中级人民法院重新审理。

泰州市中级人民法院重审庭审中，江苏省泰州市人民检察院未宣读起诉书，表示同意江苏省人民检察院的抗诉意见，即认为原裁判认定事实错误，适用法律不当，原审被告人周某某的行为不构成犯罪，建议法院依法判决。

原审被告人周某某及其辩护人认为，周某某与正太集团之间签订了承包经营协议，是平等的民事主体，且周某某侵占的财产属于其个人所有，因此，周某某的行为不构成犯罪，请求依法改判。

泰州市中级人民法院认为，鉴于公诉机关在本案重审中认为原审被告人周某某的行为不构成犯罪，经泰州市中级人民法院审判委员会讨论决定，宣告原审被告人周某某无罪。

案例三十一、徐某犯职务侵占罪一审刑事判决书

审理法院：江西省抚州市临川区人民法院　案号：［2014］临刑初字第331号

【无罪理由】法院认为，案发时，抚州金巢区皇家至尊娱乐中心系筹建中的个体工商户，后注册登记成为个体工商户（此时被告人徐某已退股）。根据《刑法》第271条的规定，构成该罪的主体应是公司、企业或者其他单位的人员，娱乐中心是个体工商户，不属法律规定的公司和企业；同时《刑法》及司法解释没有对"其他单位"作出明确的定义，不应随意对法律进行扩大解释，故娱乐中心也不属于"其他单位"。综上，被告人徐某作为筹建中的个体工商户的一名股东，其身份不符合职务侵占罪的主体资格，因而其在本案中将货款9万元未支付给交易的对方，也未退还娱乐中心的行为不

构成职务侵占罪。故公诉机关指控被告人徐某犯职务侵占罪不当，犯罪不成立。判决被告人徐某无罪。

案例三十二、刘某某玩忽职守再审刑事判决书

审理法院：辽宁省瓦房店市人民法院　案号：〔2014〕瓦刑再初字第 3 号

【无罪理由】法院认为，玩忽职守罪是指国家机关工作人员严重不负责任，不履行或不正确地履行自己的工作职责，致使公共财产、国家和人民利益遭受重大损失的行为。构成本罪，必须具有因玩忽职守行为致使公共财产、国家和人民利益造成重大损失的结果。本案原审被告人刘某某系国家工作人员，在案涉动迁区域范围内负责动迁现场的政府人员工作安排，衔接测绘和评估工作。在履行职责过程中，案涉区域内的海参养殖经营者刘某宁因被盘锦市中级人民法院认定采取欺诈手段骗取动迁补偿款而判处犯诈骗罪。原审判处原审被告人刘某某犯玩忽职守罪的事实依据是原审被告人刘某某工作区域内的参圈经营者刘某宁通过弄虚作假手段骗取国家动迁补偿款，给国家造成巨大损失。现因已经发生法律效力的辽宁省高级人民法院〔2013〕辽刑二终字第 46 号刑事判决宣告刘某宁无罪，导致本案原审认定被告人刘某某"不认真履行职责致使刘某宁骗取国家动迁补偿款 3500 余万元"的事实发生变化，认定原审被告人刘某某犯玩忽职守罪的证据发生变化，且没有充分的证据证明刘某某在履行工作职责过程中因不认真履行职责给国家财产造成重大损失。证据不足，不能认定原审被告人刘某某有罪。虽然公诉机关提出已经发生法律效力的辽宁省高级人民法院〔2013〕辽刑二终字第 46 号刑事判决在认定事实和证据采信方面存在不当之处，不应采信，但未提出相关证据证明〔2013〕辽刑二终字第 46 号刑事判决的效力发生变化，公诉机关的意见没有事实和法律依据，法院不予采纳。经法院审判委员会讨论认为，原审定罪错误，证据不足，指控的犯罪不能成立。原审被告人刘某某的申诉有事实和法律依据，辩护人的意见应予采纳。判决原审被告人刘某某无罪。

注：于某某玩忽职守罪再审刑事判决书，审理法院：辽宁省瓦

房店市人民法院；案号：［2014］瓦刑再初字第 1 号，与本案一样，判决原审被告人于某某无罪。

任某某玩忽职守罪再审刑事判决书 审理法院：辽宁省瓦房店市人民法院；案号：［2014］瓦刑再初字第 2 号，与本案一样，判决原审被告人任某某无罪。

案例三十三、伊某挪用公款罪一审刑事判决书

审理法院：辽宁省锦州市古塔区人民法院　案号：［2014］古刑初字第 00006 号

【无罪理由】法院认为，锦州市古塔区人民检察院指控被告人伊某犯挪用公款罪，事实不清、证据不足，法院不予支持。

关于公诉机关对被告人伊某挪用公款犯罪的指控，经审查，李某与某某饭店进行联合经营，租金收益双方分成。2012 年 4 月，某某饭店、李某共同与租户签订租赁合同后分别收取了承租户的租金。后李某按被告人伊某的要求向其指定的李某某账户汇款 45 万元。虽然李某证言中称此款系交给某某饭店的租金分成，但仅有周某某的证言佐证，而周某某的证言属传来证据，没有其他证据能够与李某的证言相互印证。被告人伊某辩解称该 45 万元为借款，证人李某某证言中也有相关陈述。另外根据李某的证言及锦州市古塔区人民法院［2013］古民二初字第 00116 号民事判决确认的事实及判决结果，截至 2012 年 4 月李某交给某某饭店的租金已超过某某饭店应得的租金。而且李某此次将涉案 45 万元汇到李某某的个人账户并自称是交给某某饭店的租金，与他之前交纳租金的一贯方式即交到某某饭店并由某某饭店开具收据不符，李某事后又未索要收据。据此李某的证言，存在无法排除的矛盾和疑问且系孤证。公诉机关提供的现有证据不够充分，不能确定涉案的 45 万元为公款，证据间不能形成完整的证据链条，尚未达到法定的证明被告人犯罪的要求，从而无法证明其指控的犯罪事实。因此，公诉机关对被告人伊某犯罪的指控，不能成立。经法院审判委员会研究决定，判决被告人伊某无罪。

案例三十四、庄某某职务侵占二审刑事判决书

审理法院：辽宁省锦州市中级人民法院　案号：［2014］锦刑二终字第00130号

【无罪理由】经审理查明，原审判决认定上诉人庄某某犯职务侵占罪的事实不清，证据不足，其理由如下：

1. 现有证据不能证明上诉人庄某某具有非法占有公司财产的主观故意。根据卷中材料记载，本案辽 G×××××号面包车车籍档案所记载的车主名称是马某某，马某某将车连同该车的所有购置票据及身份证复印件均交给庄某某，庄某某处分该车时是否明知该车是公司财产，依现有证据无法证实。

2. 涉案辽 G×××××号面包车的价值不清。2008 年 10 月 29 日，锦州市价格认证中心选择价格鉴定基准日为 2006 年 6 月，鉴定价格为人民币 5.5 万元，而庄某某卖车的时间为 2007 年 5 月 19 日，该鉴定意见选择的鉴定基准日不是庄某某处分该车的时间，故该鉴定意见不能作为定案价格依据。

法院认为，原审判决认定上诉人庄某某犯职务侵占罪的事实不清，证据不足，依据现有证据认定上诉人庄某某犯职务侵占罪不当，上诉人庄某某的行为不构成犯罪。庄某某的上诉理由法院予以支持。经法院审判委员会讨论决定，判决上诉人庄某某无罪。

案例三十五、宁某某职务侵占罪再审刑事判决书

审理法院：宁夏回族自治区高级人民法院　案号：［2011］宁刑再终字第4号

【无罪理由】法院认为，原审上诉人宁某某作为和成公司的股东，在参与和成公司资产转让时，将和成公司转让款 134 万元打入其个人账户，并对部分转让款私自处分的事实存在。根据本案证人何某甲的证言、原审上诉人宁某某的供述、告知书及邮件等证据可以证实，原审上诉人宁某某在取得和成公司 134 万元转让款后，曾将该情况发函告知股东何某甲，并与其他股东在一起算过账，没有证据证明其有隐瞒和成公司已转让和逃避公司债权债务清算的行为，

不能确认原审上诉人宁某某具有非法侵占和成公司转让款的主观故意，其行为不符合职务侵占罪的构成要件，不能认定原审上诉人宁某某的行为构成职务侵占罪。宁夏回族自治区人民检察院提出"石嘴山市中级人民法院判决认定事实错误，原审上诉人宁某某利用职务上的便利，将和成公司转让款134万元打入个人账户后，除14万元还款系和成公司经营使用外，余款120万元被原审上诉人宁某某侵占"的抗诉理由不能成立。原审上诉人宁某某及其辩护人提出"本案是一起民事纠纷而非刑事案件，原判认定原审上诉人宁某某犯职务侵占罪不能成立"的辩解及其辩护意见成立，法院予以采纳。判决原审上诉人宁某某无罪。

案例三十六、郑某、李某涉嫌受贿罪二审刑事判决书

审理法院：青海省海西蒙古族藏族自治州中级人民法院　案号：[2015] 西刑终字第5号

【无罪理由】法院认为，特定关系人与国家工作人员共同实施有关收受财物的行为，有三种表现形式：一是国家工作人员不直接收取财物而是指示送财物的人将财物交给其指定的特定关系人；二是特定关系人收受财物后告知国家工作人员，由国家工作人员为请托人谋取利益；三是国家工作人员与特定关系人共谋后，由特定关系人直接收受财物。本案中李某虽有收取请托款项的事实，但其并不具备自身能够为请托人办理请托事项的职权；郑某虽对偿付长荣公司煤款、提高供煤单价、热卡扣吨等事项实施签字审批，但无证据证实李某和郑某有互为通谋为长荣公司谋取利益的主观故意，也无证据证实李某在接受请托事项及钱款后有告知上诉人郑某的客观行为，亦无证据证实郑某甲在担任青海碱业管委会主任期间授意李某收取200万元由其为长荣公司办理请托事项。从该罪的犯罪构成来看，缺乏犯罪的意思联络，原公诉机关的指控罪名不能成立。出庭检察员所提驳回上诉，维持原判的意见法院不予采纳。上诉人的上诉理由及其辩护人的辩护意见部分成立，法院部分予以采纳。原判认定上诉人郑某甲身为国家工作人员，利用职务便利伙同特定关系人李某，为长荣公司谋取不正当利益，收受请托人钱财200万元，

其行为均已构成受贿罪的事实不清，证据不足。上诉人郑某、李某无罪。

案例三十七、韩某雄玩忽职守罪二审刑事判决书

审理法院：山西省大同市中级人民法院　案号：［2014］同刑终字第 128 号

【无罪理由】法院认为，根据《刑法》对玩忽职守罪的规定，上诉人（原审被告人）韩某雄是否构成该罪，关键看两点：一是在收缴过程中是否存在不履行或不认真履行职责的行为；二是山西东方置地房地产开发有限公司欠税 1560.7 万元，是否认定使国家利益遭受重大损失。从查明的事实来看，上诉人韩某雄在收缴过程中，经大同市南郊区地税局直属二分局作出决定，依据税收管理员的职责，采取向企业下达税收法律文书的方式，向企业实施了催缴，在企业不交纳的情况下，又依据规定实施了处罚，在其职责范围内，穷尽了法律赋予税收人员的职责，不能认定上诉人韩某雄有不履行或不正确履行职责的行为。就结果来讲，根据大同市城区人民法院对山西东方置地房地产开发有限责任公司的判决，认定该公司是欠税，欠税不是法律意义上的经济损失。现有证据不能认定使国家利益遭受重大损失。综上，认定上诉人韩某雄构成玩忽职守罪缺失法定的两个要件，依法不构成玩忽职守罪。上诉人韩某雄上诉理由和辩护人认为无罪的意见，法院予以采纳。检察员建议维持原判的意见，法院不予采纳。上诉人（原审被告人）韩某雄无罪。

案例三十八、韩某某职务侵占罪刑事判决书

审理法院：山西省壶关县人民法院　案号：［2014］壶刑初字第 24 号

【无罪理由】法院认为，被告人韩某某的身份不符合贪污罪的主体资格，不构成贪污罪，故公诉机关指控被告人韩某某犯贪污罪的罪名不能成立。其理由为，根据《刑法》规定，国家工作人员利用职务上的便利，侵吞、窃取、骗取或者以其他手段非法占有公共财产的，是贪污罪。由此可见，贪污罪的犯罪主体为特殊主体，即国

家工作人员。本案中，被告人韩某某非国家工作人员，也未受有关部门委托从事公务，故本案被告人韩某某收取批地费的行为不属于公务行为。公诉机关指控被告人韩某某犯职务侵占罪，证据不足，指控罪名不能成立。其理由为，职务侵占罪是指公司、企业或者其他单位的人员，利用职务上的便利，将本单位财物非法占为己有，数额较大的行为。公诉机关指控被告人韩某某犯职务侵占罪所提供的账册和司法鉴定意见书仅反映被告人韩某某任职期间的部分账目，不能全面客观地反映被告人韩某某任职期间收支情况，所得出结论不客观、全面，不具有证明力；部分证人证言、收据及起诉贪污、侵占的数额与查明的事实不符。被告人韩某某及其辩护人路晋宏的辩护意见有事实依据，应予采纳。涉案资金是以村集体的名义收取，且所收取的资金是用于村集体开支和村移民小区建设，应是集体资金，故公诉机关称被告人韩某某用于村移民小区建设的资金，与本案无关的说法，不予采纳。被告人韩某某无罪。

案例三十九、王某斌玩忽职守罪二审刑事判决书

审理法院：山西省大同市中级人民法院　案号：［2014］同刑终字第126号

【无罪理由】法院认为，上诉人王某斌作为城区地税局西街税务所的专职税管员，发现管税企业存在大量欠税情况后，已向税务所所长樊某丽作了汇报，并连续多次向欠税企业留置送达税务事项通知书，要求欠税单位云冈实业公司、东方广场公司及时申报并缴纳税款，属于履职行为；至于涉税单位云冈实业公司、东方广场公司欠缴税款4 653 308.1元，城区地税局已连续五年在大同日报公告两单位的欠缴税款情况，属于应当缴纳或追缴的税款，并非法律意义上的"经济损失"，不符合玩忽职守罪"致使国家利益遭受重大损失"的法定要件，故上诉人王某斌及辩护人所提无罪的辩护意见成立，法院予以采纳。上诉人（原审被告人）王某斌无罪。

案例四十、李某甲被判无罪一审刑事判决书

审理法院：四川省攀枝花市仁和区人民法院　案号：［2015］仁

和刑初字第60号

【无罪理由】法院认为，控辩双方主要争议被告人李某甲是否与李某乙、马某某等人具有共同犯意。根据审理查明的事实和在案证据，因特种分公司机械化需要解决劳务费，在分公司领导的同意和安排下，决定采用签订空合同套取部分现金的方式予以解决。这一行为和目的本身，并不当然构成刑事犯罪。该机械化处联系被告人李某甲，告知了其相关情况。被告人李某甲经四川中宇建设工程有限公司授权与攀钢集团冶金工程技术有限公司签订《兰营徐采场上盘局部扩邦工程道路维护及排土场监控指挥分包合同》，并按照事先与机械化处的约定，将该工程结算款中的550 000元，交给了机械化处的副主任黄晓华用于解决该机械化处的劳务工费用。虽然被告人李某甲从中收取了好处费，但其仅仅认为该款系帮机械化处走账，并不知道该款的真实用途及最后去向。期间，机械化处的班子成员李某乙、马某某、孟某甲、黄某某商定，将550 000元公款予以私分，被告人李某甲并不知情。因此，被告人李某甲无犯罪故意，即认定其伙同李某乙等八人私分公款，或者放任李某乙等八人私分公款的危害结果发生的证据不足。公诉机关指控的部分事实成立，但罪名不成立。辩护人的相关辩护意见成立，予以采纳。攀钢工程技术有限公司因此额外产生的费用，可通过民事诉讼的途径予以解决。判决被告人李某甲无罪。

案例四十一、徐某某犯职务侵占罪二审刑事判决书

审理法院：四川省广元市中级人民法院　案号：[2015]广刑终字第40号

【无罪理由】法院认为，上诉人徐某某虽为建设村七组组长，但垫资修桥的行为客观真实，应得到补偿。上诉人徐某某在领取桥梁补偿款时，按程序进行了公示并召开社员代表大会明确了其为桥梁修建人，虽然其未在村民代表会上详细说明发放补偿款的具体对象及金额，在侦查期间徐某某也曾认可建桥费为22 819.25元，其应否领取8.5万元建桥款存疑，但不改变其与组上仅为债权债务关系的性质。而且《广府发[2009]10号文件》未对桥梁的补偿标准作明

确规定，根据相关法律规定，需要解决案件中某些专门性问题的时候，应当指派、聘请有专门知识的人进行鉴定，该桥在被补偿时的价值未按照相关规定作鉴定，原公诉机关以上诉人徐某某领取 8.5 万元的行为构成职务侵占罪的指控证据不足，其指控的犯罪事实不能成立，对上诉人及辩护人的上诉理由及辩护意见予以采纳，对检察人员的出庭意见不予支持。上诉人徐某某无罪。

案例四十二、游某某犯非国家工作人员受贿罪案刑事判决书

审理法院：四川省眉山市中级人民法院　案号：[2015] 眉刑提字第 1 号

【无罪理由】法院认为，原审被告人游某某于 2008 年 6 月 27 日以领取工资的形式收取深圳龙辉跃实业有限公司现金 6000 元，收受金额未达到数额较大，且其当天即退回深圳龙辉跃实业有限公司，其主观上没有受贿故意，故游某某的行为不构成非国家工作人员受贿罪。

关于原审被告人游某某辩解其已将 6000 元工资及时退还公司，其行为不构成非国家工作人员受贿罪及其辩护人提出游某某未利用职务之便，6000 元已及时退还，且当时 6000 元也达不到数额较大的追诉标准，认为其行为不构成非国家工作人员受贿罪的意见与查明事实及法律规定相符。游某某的辩解理由及辩护人的该辩护意见成立。对出庭检察员提出的游某某于 2008 年 6 月 27 日以工资形式收受深圳龙辉跃实业有限公司现金 6000 元未达到数额较大且及时退还的行为不构成非国家工作人员受贿罪，建议改判的意见予以支持。综上，原判认定事实清楚，证据确实、充分，审判程序合法。但以非国家工作人员受贿罪对原审被告人游某某定罪并判处刑罚错误，应予纠正。原审被告人游某某无罪。